SENTIPENSAR

**Fundamentos e estratégias para
REENCANTAR a EDUCAÇÃO**

SENTIPENSAR

Fundamentos e estratégias para REENCANTAR a EDUCAÇÃO

Maria Cândida Moraes & *Saturnino de la Torre*

2ª edição

Rio de Janeiro
2018

© 2018 by Maria Cândida Moraes e Saturnino de la Torre

Gerente Editorial: Alan Kardec Pereira
Editor: Waldir Pedro
Revisão Gramatical: Lucíola Medeiros Brasil
Capa e Projeto Gráfico: Paulo Moluap

O livro foi revisado por duplo parecer, mas a editora tem a política de reservar a privacidade.

Dados Internacionais de Catalogação na Publicação (CIP)

T642s
  Torre, Saturnino de la
    Sentipensar: fundamentos e estratégias para reencantar a educação/ Saturnino de la Torre, Maria Cândida Moraes. 2 ed. – Rio de Janeiro: Wak Editora, 2018.
200p ; 23cm

Inclui bibliografia
ISBN 978-85-7854-337-2

  1. Educação - Filosofia. 2. Emoções. I. Moraes, Maria Cândida. II. Título.

15-20529.   CDD 370.1   CDU 37.01

2018

Direitos desta edição reservados à Wak Editora
Proibida a reprodução total e parcial.

WAK EDITORA
Av. N. Sra. de Copacabana, 945 – sala 107 – Copacabana
Rio de Janeiro – CEP 22060-001 – RJ
Tels.: (21) 3208-6095 e 3208-6113
Fax (21) 3208-3918
wakeditora@uol.com.br
www.wakeditora.com.br

SUMÁRIO

9   *INTRODUÇÃO*
9   Diálogo Sentir-pensar

15   **I – ALÉM DA APRENDIZAGEM: um paradigma para a vida**
        (Maria Cândida Moraes)
15   1. Por que um novo paradigma?
23   2. As novas visões da realidade
37   3. Paradigma ecossistêmico
54   Referências

57   **II – OS FUNDAMENTOS DO SENTIPENSAR**
        (Maria Cândida Moraes e Saturnino de la Torre)
58   1. Fundamentação teórica do sentipensar
63   2. O sentipensar em fluxo
73   3. Educar em e para sentipensar
80   Referências

83   **III – APRENDIZAGEM INTEGRADA: uma aprendizagem para a vida**
        (Saturnino de la Torre)
83   1. Cenário para Sentipensar: O festival dos sentidos
88   2. Os pressupostos interdisciplinares de uma aprendizagem integrada e para a vida
97   3. Sentipensar: aprender com todo o cérebro
114   4. Ambientes multissensoriais
118   Referências

119   **IV – CENÁRIOS FORMATIVOS PARA SENTIPENSAR A EDUCAÇÃO: estratégias de educação para a vida**
        (Maria Cândida Moraes e Saturnino de la Torre)
119   1. Situação didática: a vida
132   2. Situação didática: o meio ambiente
160   Referências
161   3. Situação didática: a paz
197   Referências

Diálogo SENTIR-PENSAR

Saturnino de la Torre

Relator. Com este diálogo personalizado entre o sentir e o pensar pretende-se explicar a confrontação que a educação e a sociedade têm gerado entre estas duas formas de compreender a realidade e a vida. Na verdade, é uma estratégia para "sentipensar", para pôr em funcionamento a aprendizagem integrada envolvendo conceitos, metáforas, imaginação, sentimentos, participação, debate e implicação. Se possível, coloque-se no lugar dos personagens e sentirá que ambos debatem, brigam, dialogam, ironizam, se amam... dentro de você.

Pensar. É excitante comprovar que, graças à minha capacidade mental, o ser humano tem progredido, realizado obras impressionantes e se empenhado em aventuras incríveis em sua ânsia de dominar o mundo.

Sentir. Não se esqueça de que você não realizou essas aventuras sozinho, caro amigo. E mais, se existe algo de impressionante e maravilhoso é porque eu estava ao seu lado. Lembre-se de que, por trás de uma grande ideia, sempre existe uma profunda paixão.

Pensar. O que você diz, histérico irmão do pranto e do riso? Enquanto o elogiam e admiram, você se derrete todo de puro sentimento! Está muito equivocado se pensa que o aceito como amigo, pois você compartilha muito pouco com o perceber, analisar, raciocinar, inferir, praticar... e uma grande rede de companheiros e companheiras que me servem de apoio.

Sentir. Aonde você crê que possa chegar sem mim, caracol de ideias? Você acredita mesmo que poderia aguentar somente com os seus frios pensamentos, se não fosse pela fascinação, pelo empenho e pelo desejo de chegar um pouco mais adiante?

Pensar. Bem, eu poderia viver sem você, tenho certeza. De fato, você nada tem a ver com as aulas onde se transmite a cultura de geração em geração para se dar conta de que não precisamos de você para transmitir o conhecimento. Você há de convir que sempre que você se expressava lhe tiravam da classe! Olhe, nas reformas educacionais, confunde-se ainda mais o professor, se fala mais do alunado, se reconhece a importância da família, se incorporam novas linguagens e tecnologias, se multiplicam os gastos, se reduzem os salários dos docentes e, ao final, o que ocorre? O que se aprende mais na vida que na sala de aula? Por exemplo, o que você pinta em sua escola?

Sentir. Esse é o problema, companheiro! Querendo prescindir de mim à força, o mero racionalismo, os interesses materiais, a globalização terminam com as ilusões do cidadão e o deixam na miséria. Você incentiva contendas armadas e guerras sem sentido. Isto você faz muito bem, pois não lhe comovem os massacres nem os holocaustos mais cruéis. Você somente calcula os seus benefícios e pensa que, com isso, está tudo bem.

Pensar. Olhe, amigo, eu tenho sido capaz de explorar o espaço, de pôr os pés na lua, de registrar o *bigbang* ocorrido há milhões de anos, muito antes que surgisse a consciência. Tenho sido capaz de penetrar nos arcanos mais profundos da terra, dos oceanos, do espaço. Tenho sido capaz de ....

Sentir. Capaz de, capaz de... já conheço todo este blá, blá blá... Você tem sido capaz de decifrar o código genético, de descobrir os neurotransmissores, de autoanalisar-se e analisar as minhas reações, de ser onipresente, quase como...

Pensar. Sim, isto mesmo, onipresente, pois qualquer palavra ou imagem pode ser escutada e vista simultaneamente em qualquer parte do mundo, em milhões de lugares de uma só vez.

Sentir. Não acredita que está passando dos limites e que essa ideia de toda poderosa razão o escraviza? Muito neocórtex, mas você desconhece as emoções criativas que o alimentam Acredita, de verdade, que você fez tantas descobertas sozinho? Acredita mesmo que você teria promovido os avanços nas civilizações sem o meu entusiasmo, sem a minha curiosidade, sem a minha criatividade e a paixão pelo novo?

Pensar. Desde logo que sim. Estou convencido de que, se a humanidade avançou na ciência e na tecnologia e se tantos problemas foram solucionados, é por causa da minha inteligência lógica, racional, analítica e linguística. Pois, como que se não se pode descobrir a verdade?

Sentir. Somente uma dúvida curiosa, meu orgulhoso "pensar". Se é como você diz, que somente você tem um poder tão extraordinário, como é que não conseguiu, com todo o seu imenso conhecimento, que o professorado se entusiasme com o seu próprio trabalho, que o alunado desfrute e se divirta com as novas aprendizagens, que, em tantos séculos de avanços, ainda não se conseguiu que a educação esteja a altura de suas descobertas? Se é você mesmo quem descobre e o que ensina, por que você não consegue reencantar o docente em uma tarefa que o faz imortal por meio da magia de suas palavras? Onde está o seu real conhecimento? (Sentir começou a olhar e a movimentar a cabeça com um riso irônico.)

Pensar. Pois, psss... Não estou entendendo a sua ironia. Por que este sorriso bobo?

Sentir. Estou rindo ao sentir o prazer que dá a risada, o saber que posso desfrutar como ninguém do humor, do amor, da arte, de qualquer espetáculo sem ter a necessidade de possuí-lo, de explicá-lo e nem sequer compreendê-lo. Desfruto do carinho, do entusiasmo, de perceber que estou vivo, que posso compartilhar os meus sentimentos com os demais. Sabe de uma coisa? Quando percebo a beleza ou me deprime a solidão, necessito compartilhá-las, porque ao compartilhar com mais alguém o prazer do belo, ele fica incrivelmente mais intenso da mesma forma que a dor diminui na mesma proporção. Estranho, não é verdade? Este é o meu segredo, amigo, a caricia, a ternura, o eu o amo, não cansa por mais que o repitam os enamorados. Em troca, o conhecimento, a mera informação, aborrece. Isto não lhe diz nada?

Pensar. Você me deixa desconcertado porque sinto como se estivesse utilizando os meus próprios argumentos para rebater os meus, como se algo meu estivesse em você e algo seu em mim. Parece-me tudo muito estranho. Pensarei a respeito. Pensarei que possa haver algo verdadeiro no que você me diz.

Sentir. Sim, pensa, mas trata de sentir o que pensa. Trata de se colocar nos sapatos dos outros. Somente quando os seus pensamentos se unem aos sentimentos é que poderemos fazer algo junto.

Pensamento. E o que tem de mal essa diferenciação clara de conhecimentos?

Sentipensar. Porque temos fragmentado de tal modo o conhecimento que se torna irreconhecível, pois temos perdido o equilíbrio e, muitas vezes, atuado por paixão ou por razões estritamente econômicas. Não importa a quem doa, a quem se dane ou se o povo inteiro sofre em nome da segurança. Pensar e sentir, ambos são essenciais para mim. Cada um de vocês têm sua própria missão no desenvolvimento tanto da pessoa como da sociedade. Ambos não são conceitos contrários, mas complementares. Pertencem a uma mesma família.

Pensar e Sentir. O que você diz? O que está falando?

Sentir. Não consigo entendê-lo. Tenho muito claro que uma ideia sem sentimento morre como morre uma planta sem luz ou um ser vivo sem oxigênio. Eu lhe dou a possibilidade de crescer e desenvolver-se.

Pensar. Está querendo nos dar alguma lição? Não entendo o que posso ter em comum com esses labirintos emocionais. Eu sou capaz de gerar e produzir energia mental, novas idéias... Sou intangível, rápido e consistente, por vez. O que você pode dizer que eu não saiba?

Sentipensar. Usarei uma analogia. Havia uma vez um ser humano feliz em sua aldeia. Sem ter nada, apenas tinha tudo quanto necessitava por meio do amor que tinha pelos seus; tinha o suficiente para alimentar-se e vestir-se. Mas, um dia chegou ao lugar um vendedor com novos objetos acreditando que assim se poderia viver melhor. A civilização passou, então, a lhe oferecer quantidade de objetos de que não necessitava. Embora, a princípio, tenha resistido a consumi-los, não tardou em se deixar levar pelo impulso consumista, acreditando que a felicidade estava nas coisas que ia adquirindo. Mas, curiosamente, quanto mais coisa acumulava, mais crescia sua insatisfação, pois, embora desejasse, não tinha recursos para estar ao mesmo nível que os seus vizinhos. Esta situação o levou à discriminação, ao enfrentamento e ao roubo de propriedades. Já era impossível voltar à situação anterior. Suas relações tinham sido alteradas, assim como as suas crenças e normas de convivência. Até tal ponto chegou o conflito que elementos tão básicos como a água começou a lhe faltar. Algumas pessoas mais poderosas se apropriaram da água de modo que famílias inteiras desfaleciam e morriam por não poderem adquirir este bem tão natural e gratuito como essencial para a vida. Então, deu-se o início a uma guerra, uma das mais destruidoras que já se tinha notícia.

Relator. Pensar e sentir olharam-se sem entender a que vinha este breve relato, mas, ao escutar o assunto da água e da guerra, ficaram surpresos.

Sentipensar. Agora vocês podem ver de que modo ambos se complementam. Recorro às suas próprias palavras. A água é um elemento abundante na natureza e que o pensar nos pode discorrer muito bem sobre a sua importância com os conhecimentos químicos que possui. Inclusive, pode nos explicar os seus estados, de que modo podem ser encontrados na natureza e como ela se forma a partir do hidrogênio e do oxigênio, enquanto estamos aqui morrendo de sede. A sede, assim como a água, pode ser explicada cientificamente, mas nunca a explicação sobre a água substituirá a sensação de se morrer de sede. A água, formada de oxigênio e hidrogênio, é uma substância muito diferente de seus componentes, com propriedades bem diferentes de cada um deles em separado. A água, como analogia, nos mostra como o pensar e o sentir, assim como o hidrogênio e o oxigênio, são capazes de criar uma substância tão essencial para a vida: a água em sua dimensão biológica e o sentipensamento envolvendo o psicológico e o educativo. Vocês são como a água. Preciso de ambos para ser o que sou e para dar vida... para sobreviver. O que vocês me dizem de tudo isto? Entendem agora que não são opostos, mas, sim, complementares? Compreendem que a diversidade não deve ser motivo de discriminação, mas origem de uma rica complementaridade?

Relator. Pensar e sentir ficaram absortos, escutando pensativos, tentando assimilar o que ouviam, concordando de vez em quando com esse modo de argumentar, tão incomum para o pensar, assim como tão próximo para o sentir. Por sua expressão, alguém diria que eles compartilhavam desta nova forma de entender não somente a educação mas também a vida e o funcionamento do mundo. Somos cidadãos da Terra.

Pensar. Fiquei fascinado com o relato, digo-lhe de coração. Agora, entendo melhor o meu papel. Sou mais quando sou com o outro. Finalmente, compreendo aquilo que se diz: "Um sonho é somente um sonho se o sonhamos sozinho; mas, se o sonhamos com outro, começa a se transformar em algo real".

Sentipensar. Exato. Por isso se diz que, quando o amor e a criatividade trabalham juntos, é fácil esperar uma marca indelével, uma obra mestra, um ambiente feliz.

Sentir. Quem põe o coração naquilo que faz consegue recursos onde os incapazes se dão por vencidos.

Pensar. Agora sei que, embora lhe tirem tudo, sempre ficará o mais importante.

Sentipensar. Assim é, meus amigos. Dentro de nós está tudo o que fora nos falta. Sentir e pensar são os meus dois olhos, meus dois ouvidos, minhas duas mãos, o meu Eu completo. Somos um, vocês e Eu.

I – ALÉM DA APRENDIZAGEM: um paradigma para a vida

Maria Cândida Moraes

1. Por que um novo paradigma?

Começaremos com um exemplo dos muitos que existem na imprensa diária. Cada notícia, cada acontecimento, cada relato lido ou contado nos oferece um exemplo de como nos posicionamos diante dos fatos ou notícias a partir de um modo específico de ver e de compreender a realidade. O paradigma, contemplado a partir da vida cotidiana, é este olhar pelo qual compreendemos e reconstruímos os fatos que tentamos explicar. Do ponto de vista científico, é uma estrutura de racionalidade compartilhada por uma comunidade científica ou de profissionais que oferece um marco referencial para a elaboração de teorias, investigações e soluções de problemas em uma determinada área de conhecimento. (TORRE, 1994)

Construção de Paradigma a partir dos fatos cotidianos da vida e dos pontos de vista teórico-científico.

Quando lemos na imprensa diária notícias como estas: Adolescentes estupraram, mataram, torturaram e jogaram os corpos morro abaixo; uma mulher foi maltratada por seu esposo; alguns rapazes puseram fogo em um índio pataxó que dormia em um banco de praça em Brasília... em seguida, surge em nossa mente a pergunta de como explicar esses fatos à luz da racionalidade humana. O jornal e os noticiários são fontes inesgotáveis de sugestões para pensarmos a respeito dos paradigmas, para captarmos o alcance prático desses macroconceitos teóricos que nutrem, fundamentam, dão sentido e, inclusive, justificam nossas crenças, nossas maneiras de atuar, posturas, sentimentos, atitudes e atuações na vida. É a base a partir da qual o que fazemos tem sentido. Como docentes, muitas de nossas atuações são induzidas por estas macroestruturas que denominamos paradigmas. Um paradigma rege a maneira como pensamos e o modo como usamos a nossa lógica. É aquilo que rege a ordem do nosso discurso, dos nossos pensamentos e ações.

Tomemos como exemplo um caso real de alguns adolescentes que, para se divertirem, colocaram, à meia noite, uma fita de construção atravessando a rua, fixando-a entre dois faróis. A seguir, ficaram à espera de quem seria o primeiro veículo a passar para ver o que ocorria. A desgraça fez com que, em lugar de um automóvel, passasse um rapaz de moto. O resultado foi que a fita cegou o rapaz, que caiu e se feriu. Os adolescentes, em lugar de ajudarem o rapaz da moto que estava caído, escaparam correndo, assustados. Esta é a notícia que a impressa divulgou pelos quatro cantos do país, apresentando e discutindo as consequências socioeducativas que tal caso comporta. O que pensar? O que sentir? Em que podemos mudar? Como se vê cada um a partir de seus próprios paradigmas?

1.1 Cenário para sentipensar

Paradigma positivista – à luz deste paradigma, o acidente é descrito em termos de fatos concretos: hora do acidente, características da pessoa acidentada, forma em que ocorreu, resistência, longitude e altura da fita colocada, tipos de pessoas implicadas, idade dos adolescentes etc. É como se tirássemos uma fotografia, a mais fiel possível, do acontecimento. Em resumo, descreve-se o que se conhece e que seja capaz de atestar o fato ocorrido. O acidente é analisado em termos de fato concreto, de dados possivelmente observáveis e quantificáveis. A partir deste ponto de vista, o acidente não teria maior importância que outros acidentes de tráfego aos quais estamos habituados. Por que a imprensa deu tanta importância? Do ponto de vista legal e jurídico, não cabe dúvida de que os dados apresentados serão de grande utilidade, mas pouco nos diz de como os sentiram as pessoas implicadas e os motivos que deram origem a tal fato.

Paradigma interpretativo – este mesmo acidente, ou qualquer outro acontecimento, é avaliado a partir do impacto que produz nas pessoas afetadas, direta ou indiretamente. Os fatos carecem de significado por si mesmo, já que são as pessoas os que interpretam de uma forma ou de outra. O importante não é o dado numérico, mas o que pensam e sentem os jovens que puseram a fita atravessando a rua, o que pensam e sentem os familiares da vítima e os familiares dos estudantes secundários considerados culpados. O fato é o mesmo, mas, enquanto os familiares dos rapazes justificam o acontecimento por falta de apoio social para controlar os seus filhos, os familiares da vítima exigem justiça, ou seja, uma pena exemplar. Os companheiros de escola os observam de maneira diferente segundo sejam amigos ou não. Como se vê, o modo de examinar e sentir esta tragédia muda de direção e intensidade de acordo com a maneira em que as pessoas estejam ou não implicadas.

Paradigma sociocrítico – examinando bem, as explicações anteriores eram parciais e insuficientes. A primeira é focalizada no fato ou objeto; a segunda nas vivências pessoais, ou seja, na subjetividade. Duas formas complementares, mas insuficientes por si só para justificar um fenômeno de conotações sociais. Por isso, o enfoque crítico agrega a perspectiva de contexto sociocultural. Por que ocorrem esses tipos de acontecimentos? Que parte de responsabilidade tem a educação e a sociedade? Como é possível que haja jovens que não percebam as consequências de seus atos? As opiniões e os valores que guiam as condutas são frutos, em última instância, dos valores sociais. O enfoque sociocrítico agrega o marco no qual se cobram coerência e legitimidade às atuações e aos valores individuais. É por isso que tal paradigma proporciona luz para analisar o impacto e as consequências sociais do fato educativo.

Paradigma complexo e/ou ecossistêmico – sob este paradigma ou enfoque, a realidade emerge como unidade global, complexa, integrada por fatos, situações, contextos, pessoas, valores socioculturais etc. Trata-se de um sistema interativo e dinâmico no qual a modificação de um dos elementos altera as relações entre todos eles. Por exemplo, se tivesse variado a hora, a altura, a resistência da corda etc. será que os efeitos teriam sido diferentes? Se o motorista tivesse decidido alterar a sua rota, passar em um momento diferente, ou se a velocidade do carro fosse menor ou se um carro tivesse aparecido antes ou... tal infortúnio possivelmente não tivesse ocorrido. Se os rapazes tivessem sido mais bem educados para empregarem de outra forma o seu tempo livre, se tivessem vivenciado valores de respeito e de consciência pelos seus próprios atos, teriam, talvez, atuado de modo diferente. Mas sabemos que nem todas as rotas são previsíveis e, assim, algo diferente poderia também acontecer. A formação, as crenças, as relações pessoais etc. entre os pais e os companheiros teriam modificado a sua conduta. No paradigma emergente, importam tanto os fatos como sua interpretação, bem como as interações entre os valores dominantes no momento. Assim, as nossas crenças nos fazem julgar os fatos de maneiras diferentes, e o importante aqui são as possíveis relações e interações.

O paradigma positivista exalta o objeto como única realidade suscetível de ser investigada; o interpretativo focaliza sua atenção no sujeito a quem se outorga significado pessoal ao objeto; o crítico insiste no contexto sociopolítico como agente envolvente do objeto e do sujeito; o paradigma ecossistêmico e de interação psicossocial atende à relação dinâmica entre todos eles, isto é, a inter-relação entre o objeto do conhecimento, o sujeito e ambos com os valores e as normas sociais. Importa, portanto, a dimensão multidimensional dos fenômenos, as diferentes dimensões envolvidas, as relações e conexões que são feitas para a compreensão dos fenômenos. Neste sentido, podemos afirmar que a realidade educacional é complexa, polivalente, interativa, construtiva e transcendente.

Figura 1:
PARADIGMA ECOSSISTÊMICO

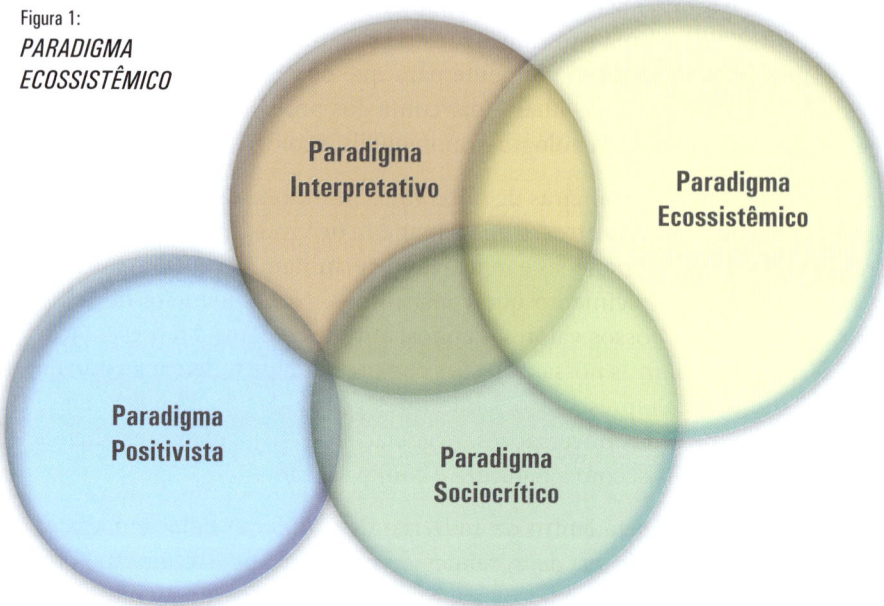

Fonte: Própria

Com este exemplo, queremos chamar a atenção para se pensar também o alcance cotidiano dos paradigmas, ao mesmo tempo que se defendem a legitimidade e a pertinência do paradigma ecossistêmico como marco teórico no qual se inscreve o **Projeto EDIFID** (Estratégias didáticas inovadoras para a formação inicial de docentes), marco geral no qual está inscrito nosso projeto **Sentipensar**. Deste modo, o planejamento, o desenvolvimento, as atividades e a avaliação educativas acontecem sob os princípios da interatividade, intersubjetividade, auto-organização, recursividade, complexidade, indeterminação, emergência como categorias importantes a serem descritas mais adiante.

1.2   Para que um novo paradigma educacional?

A evolução da ciência e da tecnologia e os efeitos da globalização sobre o nosso mundo real indicam que estamos em um processo de rápidas transformações nas formas de viver (conviver), nos modos de fazer e de ser, sinalizando a dificuldade de se prever a curto, médio e longo prazos o que deve ser aprendido e as competências necessárias para habitar neste mundo em constante mudança. Tais aspectos, associados à gravidade da problemática educacional, apontam a necessidade urgente de um melhor posicionamento diante dos problemas atuais, em especial, a urgência de uma reforma paradigmática nos processos de construção e reorganização do conhecimento, uma reforma do pensamento (MORIN, 2000) e uma profunda transformação na educação (MORAES, 1997). Tudo isto é necessário e urgente para que possamos enfrentar a complexidade de nossa realidade atual e dar conta dos problemas mais prementes relacionados às questões tecnológicas, ambientais, ecológicas, éticas e sociais.

Sabemos que as nossas maneiras de observar o mundo, o modo com que nos relacionamos uns com os outros, a nossa maneira de viver (conviver), de ser, de perceber ou não as contradições e injustiças determinam as nossas realizações e a qualidade do conhecimento que construímos. Nossa maneira de ser, de sentir, pensar e agir, nossos valores, hábitos, atitudes e demais representações internas que permeiam as nossas relações com a realidade refletem a visão que temos do mundo, as representações interiores guardadas na memória que se explicitam por meio de conversações, negociações e diálogos que estabelecemos uns com os outros, com a natureza e com o sagrado.

As concepções existentes dentro de cada um de nós se revelam também em nossa maneira de conhecer, de aprender e de educar. Se acreditarmos que nada é predeterminado, que a participação do sujeito é fundamental, que não existe um mundo anterior à percepção do observador e que a subjetividade e a objetividade estão intimamente relacionadas, então daremos maior valor às experiências, prestaremos maior atenção às relações estabelecidas, às diferentes conversações, aos diálogos e às emergências que surgem nos diferentes ambientes que frequentamos ou criamos.

Dependendo do paradigma subjacente às nossas representações internas, valorizaremos mais a intuição, a reflexão, a autonomia, as construções coletivas ou os diferentes diálogos estabelecidos. Dependendo da visão que prevalece, estaremos mais atentos aos fenômenos e às suas relações e prestaremos maior atenção à sincronicidade dos processos.

Tendo uma percepção mais atenta às implicações epistemológicas do que acontece no mundo da ciência, a partir das teorias quânticas e das novas teorias biológicas, prestaremos maior atenção aos momentos, às circunstâncias de aprendizagem criadas, aos eventos, ao clima presente nos ambientes educacionais e condenaremos o monólogo, a prepotência, a padronização, a dominação, a passividade e qualquer outro tipo de violência.

Assim, o mesmo paradigma que se revela em nossas ações e reflexões do dia a dia influencia também outros tipos de relações que permeiam as diferentes dimensões de nossas vidas, dentre elas, a dimensão epistemológica relacionada ao processo de construção do conhecimento e da aprendizagem. Daí a importância de se trabalhar a consolidação de um quadro epistemológico mais amplo em educação, porque acreditamos que ele poderá também influenciar a maneira de pensar, de sentir e de atuar dos aprendizes, diante não apenas do que acontece nos processos de construção do conhecimento mas também em relação aos diferentes diálogos que o indivíduo estabelece com a vida. Paradigmas influenciam a maneira de educar um filho, de relacionar-se com o vizinho, de ser cidadão, enfim, a maneira como cada um sente a pulsação da vida ao seu redor e de como se posiciona diante dela. Isto porque acreditamos que o modelo epistemológico que se reflete em nossas ações pedagógicas é também parte de uma representação interna inscrita na totalidade humana.

Por esta razão, precisamos de novos paradigmas que nos ajudem a ir além dos limites impostos pelo pensamento reducionista e simplificador que nos impede de alçar novos voos em busca de nossa sobrevivência e transcendência. Uma transcendência que sinaliza que já é tempo de maior liberdade do espírito humano, tempo em que nenhuma racionalidade científica será capaz de aprisionar a emoção, o sentimento e a criatividade do ser humano em nome de uma objetividade que conspira contra a sua própria inteireza.

Figura 2:
Construção do conhecimento na dialógica das relações entre as dimensões Epistemológica, Ontológica e Metodológica.

Fonte: Própria

1.3   Em busca de novos referenciais teóricos

E quais são os referenciais teóricos capazes de nortear a busca de um novo paradigma educacional no sentido de conciliar o que acontece no mundo da ciência com os atuais avanços científicos e tecnológicos e, ao mesmo tempo, capazes de colaborar para a renovação de nossas práticas pedagógicas e para a construção e reconstrução do homem, da mulher e do mundo?

Hoje, sabemos que, subjacente às raízes dos pensamentos quântico e biológico, existem sementes epistemológicas capazes de fundamentarem o processo de construção do conhecimento, o desenvolvimento da aprendizagem, o conhecimento em rede, a autonomia e a criatividade. São sementes que podem influenciar o pensamento humano em direção a uma nova construção e reconstrução não apenas da educação, mas, sobretudo a um melhor reposicionamento do aprendiz (aprendente) diante do mundo e da vida, a partir de uma compreensão mais adequada do que seja a realidade e o significado de sua própria humanidade.

Os pressupostos epistemológicos presentes nessas teorias, tais como: **complexidade**, **intersubjetividade**, **emergência**, **auto-organização** e **interatividade**, para citar apenas alguns, combatem fortemente o modelo causal tradicional que alimenta as teorias instrucionistas. Ao mesmo tempo, oferecem algumas chaves epistemológicas importantes embutidas nesses macroconceitos que, talvez, possam ser mais bem compreendidas e exploradas pelos educadores e pela ciência, em geral.

Hoje, mais do que nunca, percebemos o quanto a nossa escola é reprodutora, autoritária e prepotente ao trabalhar com o conhecimento em sua vertente mais linear, voltada para o professor que fala e o aluno que escuta e copia e tenta devolver na prova o melhor que pode. É uma linearidade discente que quanto mais próxima estiver da linearidade docente, melhor será a sua nota.

A partir dos avanços da ciência, já é possível perceber com maior clareza que alguns fundamentos epistemológicos decorrentes nos pensamentos quântico e biológico influenciam não apenas a visão que temos do universo e de como ele opera mas também como se constrói o conhecimento e como os indivíduos, sendo sistemas vivos, operam mental e emocionalmente, vivem (convivem) socialmente.

Inspirados nos pensamentos de Morin, reconhecemos também a necessidade de se enraizar a dimensão antropossocial na esfera biológica; enraizar o vivo na esfera física, compreender o ser humano como uma organização viva, como unidade complexa físico-química, que emerge de um mundo físico-químico do qual é também dependente.

Neste sentido, apoiamo-nos em Edgar Morin, que nos alerta de que

"temos que destruir a muralha chinesa que separa a antropossociologia do continente da vida, mas esta abertura deve salvaguardar a originalidade, a irredutibilidade, a especificidade antropossocial ao mesmo tempo em que a funda, a enraíza e a alimenta de vida (...). Abrir a antropossociologia à vida é reconhecer a plena realidade do homem. É romper com a visão idealista de um homem sobrenatural. É romper com a visão disjuntiva na qual o homem depende da vida unicamente pelos genes e corpo, enquanto o espírito e a sociedade escapam a esta. Como temos dito uma vez ou outra, é nosso ser por inteiro é que é vivente – corpo e alma –, é a natureza de nossa sociedade humana a que depende da auto-(geno-feno)- eco-re-organização.

Abrir a antropossociologia à vida é abri-la também às nossas vidas (...). Abrir a "antropossociologia é, ao mesmo tempo, dar-lhe um fundamento de complexidade". (1998: 481)

Assim, somos seres biológicos que se realizam por meio de uma materialidade física e vivemos inseridos em campos energéticos e vibracionais caracterizados pelas circunstâncias que nos envolvem, circunstâncias estas determinadas pelo contexto sociocultural e político que nos engloba e, ao mesmo tempo, nos restringe. Portanto, como seres vivos, somos multidimensionais, onde as dimensões físicas, biológicas, psicossocial, cultural, espiritual e cósmica se entrelaçam para que cada ser vivo possa realizar a finalidade de sua existência.

Por outro lado, nossa realidade social também evolui a partir de um mundo biológico, que tem uma base física material para apoiar a sua existência. É isto o que o pensamento de Edgar Morin também nos ensina.

E o que é que isto significa? Significa que, se temos os nossos pés plantados na materialidade física, também estamos sujeitos aos princípios da Física, aos **princípios da incerteza** e da **complementaridade** que regem a natureza da matéria. Estamos também sujeitos ao **indeterminismo**, à **auto-organização**, às leis que regem o funcionamento das **estruturas dissipativas**, sujeitos à **flecha do tempo** que nos revela a sua irreversibilidade, sinalizando que ele tem sempre uma direção preferencial e nunca retrocede. Por exemplo, até que ponto nossos humores funcionam como estruturas dissipativas de energia? Será que as nossas emoções também não estariam sujeitas a processos autopoiéticos?

Como seres vivos, portanto, funcionamos também a partir das leis da Física, da Biologia e da Físico-Química. E estas leis influenciam os processos que envolvem a totalidade humana. Cada indivíduo, ao se auto-organizar, reorganiza todo o funcionamento do seu sistema, já que o padrão da vida é reconhecidamente um padrão em rede, como afirmam Maturana, Varela e Capra. Um padrão funcional em rede pressupõe que toda transformação que aconteça em um sistema vivo, a partir de processos autopoiéticos, envolve o ser humano por inteiro. Tal fato pressupõe a cooperação de todos os elementos envolvidos no sistema, e o estado biológico alcançado tem de ser mutuamente satisfatório para todos. Assim, os pressupostos epistemológicos que regem a organização do vivo têm implicações importantes nos processos de construção do conhecimento e nas maneiras de viver (conviver) dos seres humanos.

2. As novas visões da realidade

2.1 A virada epistemológica na ciência

Por estas e outras razões, fomos buscar novos referenciais teóricos a partir das discussões acaloradas entre físicos e biólogos a respeito das implicações epistemológicas de suas construções teóricas. Nesta busca, encontramos Heisenberg que, com o seu **princípio da incerteza**, revelou a impossibilidade de se prever a reação de um elétron em um determinado experimento. De acordo com este princípio, é impossível prever o que um elétron fará e quando isto ocorrerá, pois, ao medir um objeto, o observador perturba a situação, interfere no estado onda (partícula) em que o elétron se apresenta. Heisenberg nos ensinou que somente é possível prever a média da probabilidade das reações e não o que realmente acontece em cada experimento.

De certa maneira, isto nos ensina que, ao obedecer às leis da Física quântica, o nosso olhar ou o nosso cérebro modifica a função onda do elétron observado, revelando que nós exercemos uma influência nos fenômenos maior do que poderíamos imaginar. Assim, é impossível separar o sujeito do objeto do conhecimento, o que deu origem a **intersubjetividade** que nega a objetividade como critério de cientificidade. Descobriu-se que sujeito e objeto somente existem relacionalmente.

Ora, se os objetos somente existem a partir de suas relações e conexões, assim o nosso foco não deveria estar somente no objeto nem no sujeito, mas sim na relação que acontece entre ambos. Isto também significa que tanto um como o outro não desaparece, mas ambos precisam estar relacionados para serem mais bem compreendidos. Portanto, ambos devem ser contextualizados.

Assim, a contextualização do objeto, do problema ou do sujeito passou a ser condição fundamental a partir dessas teorias. A contextualização acontece quando se consegue ir além, ampliar o foco e quando se percebe que sistemas estão inseridos dentro de outros sistemas mais abrangentes, como totalidade/partes que se encontram enredadas. Tal visão fundamenta a escolha do padrão em rede como sendo o padrão da vida, como bem nos sinaliza Maturana.

Sabemos, hoje, que a descoberta do principio da incerteza foi de extrema importância para a evolução da Ciência e com consequências importantes também para as nossas vidas. Este princípio desafiou a noção de causa e efeito da ciência clássica e que era um dos pilares da Física clássica e dos pensamentos teológico e social tradicionais, ao mesmo tempo, em que abriu um espaço para o livre-arbítrio.

Foram também questionados a estabilidade do mundo, a determinação, a previsibilidade dos fenômenos e o controle dos processos, bem como a existência da causalidade linear como sendo única explicação possível da realidade. Causalidade linear explica que, a cada fenômeno observado, corresponde uma causa e que os efeitos são correspondentes às causas anteriores, constituindo-se, assim, em uma visão reducionista e simplificadora da ciência.

Mas a grande virada epistemológica da ciência já havia começado anteriormente, com Einstein, a partir de sua **Teoria da Relatividade**, embora ele mesmo tivesse certa dificuldade em reconhecê-la como tal. Com sua teoria, ele já havia mudado completamente a concepção tradicional da ciência a respeito da natureza da matéria ao explicar que não existem espaços vazios e que o mundo deve ser concebido em termos de movimento, fluxo de energia e processo de mudança. A partir daí, foi possível perceber que a matéria já não mais se dividia em orgânica e inorgânica, animada ou inanimada, existindo, a partir daí, apenas um tipo de matéria constituída de feixes dinâmicos de energia. Isto nos revelou que, no nível subatômico, o mundo não consiste de objetos isolados, mas de uma rede de interconexões dinâmicas caracterizadoras dos mais diferentes processos, dos mais diferentes fluxos.

Associando o **princípio da incerteza** às descobertas relacionadas ao princípio da complementaridade onda (partícula) formulado por Niels Böhr, que explicou a natureza complementar da matéria e a existência de superposição de estados quânticos, a Física quântica reforçou ainda mais a impossibilidade de se determinar como uma situação experimental se apresentará até o momento da interferência do observador. Descobriu-se que o cientista já não podia distanciar-se do objeto para descrever os mecanismos da natureza e que não era possível se eliminar o observador, mas sim reintegrá-lo em sua intersubjetividade e restabelecer o seu diálogo com a natureza.

Todos esses aspectos revelados pela microfísica tiveram uma profunda repercussão, não apenas nas ciências mas também em nossas vidas. Por exemplo, a noção de complementaridade de Böhr a respeito da natureza da matéria nos ajuda a melhor compreender **o triângulo da vida** proposto por Ubiratan D'Ambrósio(1998), que explica a interdependência entre indivíduo, sociedade e natureza.

Figura 3:
Tríade interdependente de acoplamento estrutural à vida.

Fonte: Própria

Em nossa natureza individual, produzimos a sociedade que nos produz e estamos inseridos em um campo energético e vibracional caracterizado por nossas relações com a natureza, mediante um processo de acoplamento estrutural, como veremos mais adiante. E tudo isto ao mesmo tempo. Como perceber a relação entre indivíduo, sociedade e natureza sem reconhecer a complementaridade dos processos imbricados nessas relações?

São três elementos mutuamente essenciais e complementares cuja interdependência explica também o contextualismo, ou seja, explica a nossa dependência em relação ao meio ambiente e ao contexto em que vivemos. Um texto sem contexto não faz muito sentido. Existe, portanto, um nó górdio interligando estas dimensões complementares que caracterizam a nossa realidade fenomenal.

As descobertas da Física quântica, anteriormente citadas, nos esclarecem que, dentro do mundo macrofísico, existe um mundo quântico invisível, revelando que mundos diferentes são regidos por leis diferentes, por lógicas diferentes. Isto indica que a macrofísica é regida pela causalidade linear e a microfísica pela causalidade circular e recursiva. A causalidade linear fundamenta, por exemplo, a racionalidade humana e, ao mesmo tempo, indica a existência de um único caminho, de uma única metodologia, de uma única maneira de se realizar algo. A causalidade recursiva traduz a existência de uma dinâmica não linear, ou seja, de uma dinâmica complexa, desencontrada, que, por sua vez, implica a necessidade de se ter um pensamento mais abrangente e aberto ao inesperado, ao desconhecido e ao acaso. Pensar o complexo é, segundo Morin, compreender a multidimensionalidade dos fenômenos e das diferentes dimensões envolvidas.

Por exemplo, a dinâmica não linear implica ver o equilíbrio em movimento, a ordem embutida na desordem, indicando assim que, no aparente equilíbrio, existe um desequilíbrio latente e ainda não manifesto, e que a ordem repousa na desordem, implicando a existência de dinâmicas desencontradas. Este tipo de dinâmica complexa revela a existência de ambiguidades e ambivalências fenomenológicas, como, por exemplo, a compreensão de que o remédio que cura também mata, que a crise é oportunidade ou que a dosagem correta do veneno na vacina é o que protege.

Esta dinâmica não linear também nos ensina que a unidade contém a diversidade, e que devemos pensar o local sem esquecer o global, reforçando também a ideia de que a autonomia do sujeito é sempre relativa, sempre dependente do entorno em que vive. Ele só pode ser autônomo a partir das relações que estabelece. Tais aspectos nos mostram a existência de outras formas de racionalidade para explicar a realidade ou as múltiplas realidades existentes.

Tanto a dinâmica linear como a não linear apresentam implicações epistemológicas importantes, além de trazerem embutidos nestes conceitos sistemas de valores e éticas diferentes das que prevalecem no paradigma tradicional. No que se refere à educação, a dinâmica não linear nos fala da impossibilidade de se aceitar a escola reprodutora do conhecimento processado de maneira linear, a escola instrucionista, a educação bancária denunciada por Paulo Freire que há tempos nos alertava da impossibilidade de se aceitar o discurso de teor autoritário e prepotente. Práticas pedagógicas instrucionistas não combinam com a dinâmica não linear evidenciada pelo pensamento complexo que valoriza o pensamento articulado, regulador, auto-organizador e emergente. Da mesma maneira, não combinam com aprendizagem colaborativa, com cooperações mútuas, com solidariedade e inclusão, aspectos estes que estão sempre presentes na abordagem complexa.

Essas novas teorias revelam que não existe separação entre sujeito e objeto, que objeto é relação, e ambos só podem existir relacionalmente. Não há uma única realidade independente do observador, mas múltiplas realidades, e depende de cada um de nós, de nossas estruturas, de nossas observações, qual realidade será revelada. É um mundo semelhante a um fractal com milhares de faces nas quais são possíveis múltiplas leituras. Esses aspectos nos esclarecem que a nossa realidade não é unidimensional, mas multidimensional, o que também, de certa maneira, traduz as diferentes dimensões do ser humano e da sociedade, as dimensões interiores, as dimensões subjetivas e intersubjetivas, além da dimensão objetiva, revelando também a natureza imaginária do ser humano.

Assim, a **intersubjetividade** que emerge a partir das teorias da Física quântica é um dos pressupostos fundamentais do novo paradigma da ciência, o que certamente detonou com a objetividade científica ao revelar ao mundo a sua fragilidade. A partir da descoberta de Heisenberg, ficou clara a impossibilidade de se captar a realidade tal como ela se apresenta. Assim, já não era mais possível se ter um conhecimento objetivo do mundo físico, e o conhecimento científico passou a depender das condições de observação, a depender daquilo que o cientista introduz no experimento e das condições do ambiente que ele mesmo cria.

Se pensarmos na existência de uma única realidade, isto pressupõe a existência de um único caminho como sendo verdadeiro, uma única maneira de se resolver um problema ou de se compreender o erro. Nossa compreensão a respeito do "erro" revela muito de nossa maneira de pensar, constituindo-se em um bom exemplo para caracterizar as dinâmicas linear ou não linear. Sabemos que o erro pode ser compreendido de diferentes maneiras. Se for visto a negação da verdade como algo que merece punição, estaremos pensando de maneira linear, indicando que, se o aprendiz errou, é porque não sabia nada. Assim, o professor não tenta compreender quais as possíveis razões para que ele se expressasse daquela maneira diferente da esperada. Mas, se pensarmos no erro como uma etapa do próprio processo de construção do conhecimento, a partir de uma visão não linear, complexa, então ele passa a ter uma outra dimensão do problema, a dar uma outra importância e um outro sentido ao ocorrido, revelando-se assim uma outra realidade anteriormente desapercebida.

Se traduzirmos a vida como consequência exclusiva de uma dinâmica linear, fica difícil entender a emergência da consciência, a intuição, a sinergia, a criatividade, o papel das emoções e dos sentimentos na produção do conhecimento e no desenvolvimento da aprendizagem. Todos esses aspectos fenomenológicos envolvem uma dinâmica não linear, uma causalidade circular recursiva que pode ser mais bem representada por uma espiral. Esta causalidade é também reconhecida como causalidade complexa. A recursividade pressupõe que não exista nem início nem fim. Cada final é sempre um novo começo, e cada início emerge de um final anterior, e o movimento cresce em espiral.

Um exemplo de causalidade recursiva em nosso cotidiano é o processo que aconteceu durante a campanha presidencial das eleições presidenciais do Brasil. Qualquer declaração do Lula como candidato presidencial alterava o desempenho das bolsas de valores, fazia subir a cotação do dólar, cujo valor ao ser divulgado provocava irritação no candidato que tecia novos comentários que novamente provocavam a subida do dólar e a queda das bolsas. Uma coisa influenciava a outra. Em um processo inflacionário, acontece o mesmo. A divulgação dos índices inflacionários faz com que os economistas preveem uma inflação maior, o que faz com que os agentes econômicos aumentem os preços de seus produtos, o que, por sua vez, aumenta os índices inflacionários e assim por diante. É uma dança espiralada sem fim.

A fenomenologia da auto-organização também é fundamental na caracterização do novo paradigma e, neste sentido, a contribuição de Ilya Prigogine, com sua teoria a respeito das **estruturas dissipativas**, é muito importante. Para este autor, uma organização viva vai da estabilidade para a instabilidade, da ordem para a desordem, do ser para o vir a ser, traduzindo a presença da quietude no movimento como duas condições complementares presentes na organização viva.

2.2 Estruturas dissipativas

Estruturas dissipativas são sistemas dinâmicos que estão sujeitos a transformações do que é aparentemente caótico para situações progressivamente mais ordenadas a partir de um momento onde ocorre uma "bifurcação". E, assim, todo o sistema se reorganiza em outro nível.

Prigogine nos esclarece que todo sistema aberto funciona às margens da estabilidade, e sua evolução depende de flutuações de energia que, em determinados momentos, desencadeiam reações espontâneas. Para ele, as estruturas dissipativas pressionam o sistema além de um limite máximo de estabilidade, conduzindo-o a um novo estado macroscópico. A estabilidade provisória, para ser recuperada, necessita da energia que é retirada do meio mediante processos de auto-organização que provocam mudanças em suas estruturas. E, assim, o sistema se auto-organiza espontaneamente como resultado de uma situação de desordem seguida de ordem, ou de desorganizações seguida de reorganizações em níveis de complexidade mais elevados.

Assim, fica mais fácil perceber que a complexidade se nutre da desordem, do ruído, do caos, do erro, ao abrir espaço ao aleatório, ao imprevisível, ao inesperado que, por sua vez, começam também a integrar a nova organização. Acreditamos que a fenomenologia da auto-organização é também muito importante para se entender o pensamento complexo ou ecossistêmico caracterizador do paradigma emergente.

Por outro lado, isto também nos esclarece que, muitas vezes, a desordem pode levar à criação de algo significativo, interessante, a partir da auto-organização. Isto nos faz imaginar o próprio processo de criação de um texto científico como este, por exemplo. No processo de escrita de um texto, de um trabalho, de uma dissertação ou tese, vivenciamos vários momentos de auto-organização. Caminhamos da desordem para a ordem a partir de ideias inicialmente meio confusas e desordenadas que vão sendo articuladas e melhor trabalhadas e que, aos poucos, vão se transformando em algo mais ordenado.

Este texto, por exemplo, que você está lendo neste momento, é também um produto de desorganizações seguidas de reorganizações. Em cada versão, caminhamos de um nível de elaboração para outro mais complexo. Houve um momento em que percebemos que as versões anteriores estavam um pouco confusas e menos articuladas e, assim, em nossa provisoriedade, fomos construindo, desconstruindo e reconstruindo este texto. E nisto investimos o nosso precioso tempo, acreditando que valeria a pena termos um cuidado para apresentarmos um trabalho de melhor qualidade.

Como agente de produção deste texto, percebemos que somos leitores e, ao mesmo tempo, autores, somos observadores e leitores de nossas produções textuais e, nesta interação entre autor, leitor e obra, participamos de um processo de criação como produto de vários momentos de auto-organização. Assim, este texto, como produto final, embora sempre provisório, não surgiu "de estalo", mas emergiu da interação entre ordem e desordem e auto-organização até chegar a um produto com um pouco mais de sentido e em condições de ser apresentado aos leitores que dele necessitem ou tenham interesse.

Creio que, neste momento, vale ainda a pena observar que isto também denota que, dentro de cada um de nós, existe também um mundo físico-químico que faz com que, além de seres biológicos e sociais, sejamos também seres físicoquímicos, donos de uma corporeidade regida pelas leis da Física e da Química e que funciona como estrutura dissipadora de energia, como nos ensina Prigogine. Esta nossa materialidade corporal faz com que sejamos também filhos do cosmo e, simultaneamente, filhos da Terra, apesar de que a nossa educação continue pretendendo ignorar tudo isto.

Apesar de reconhecermos a nossa corporeidade biofísica regida pelas leis da Física e Química, isto não indica que estamos afirmando que a nossa mente também funcione a partir dessas mesmas leis. Funcionar apoiada nessas leis significa reconhecer o papel da entropia transcendendo a nossa materialidade biofísica e envolvendo também os processos mentais. Uma coisa é reconhecer a presença da entropia no plano físico biológico, essa tendência que o corpo físico apresenta de caminhar em direção à desordem, ao envelhecimento ou a estados cada vez mais entrópicos. Outra coisa é reconhecer que os processos mentais ou a conduta dos indivíduos sejam regidos por essas mesmas leis. Parece que, em termos da mente, a coisa não funciona dessa mesma maneira por causa do papel da memória nos processos autorreguladores e, assim, esta observação deve ser feita com a devida cautela. A ciência cognitiva informa que, em relação à mente humana, a entropia tende a diminuir em função da memória que tende a criar um mundo interno representacional mais ordenado. (POZO, 2001)

Mas, será que existem processos entrópicos no organismo humano? Ou seja, será que existem formas de organização cada vez mais desordenadas? Sim. Respiramos, comemos, digerimos os alimentos e nos movimentamos como uma máquina termodinâmica que gasta energia para mover-se desta ou daquela maneira. O próprio processo de envelhecimento é uma manifestação de princípios derivados dessas leis. É uma manifestação externa da degradação de energia e matéria e dos processos decorrentes no plano biofísico.

A fenomenologia biológica, por sua vez, também contribuiu muito para se rever o pressuposto da objetividade científica, um dos pilares do paradigma tradicional da ciência. Em especial, as contribuições de Maturana e Varela (1995) foram fundamentais neste sentido. Ao pesquisar a fisiologia da visão, esses autores descobriram que as percepções das cores não correspondem a uma representação exata do mundo físico, mas resulta da interação ocorrida entre o comprimento das ondas de luz e a estrutura do sistema vivo. É o caso, por exemplo, do indivíduo daltônico cuja estrutura reconhece de maneira diferente as cores vermelha e verde. Portanto, a cor percebida não é uma característica do objeto, mas depende da estrutura biológica do sujeito.

Isto nos leva a compreender melhor que nada de fora determina o que acontece na estrutura do sistema vivo e que o ambiente não determina o comportamento do indivíduo, apenas pode catalisar os processos, mas o que ocorre depende da estrutura do sujeito em sua relação com o objeto. Para tanto, Maturana (1999) usa o conceito de **determinismo estrutural** para explicar este fenômeno. Varela (1997), por sua vez, fala em **codeterminismo estrutural** para explicar as relações do sistema vivo com o meio. Estes conceitos nos informam que o sistema vivo se relaciona com o meio ambiente de acordo com o que acontece em sua estrutura a cada momento. Esses autores explicam também que isto ocorre em função do **acoplamento estrutural** que acontece entre o indivíduo e o meio. A partir das interações que ocorrem ambos vão mudando de maneira congruente com a mudança um do outro.

Estas mudanças acontecem em função da existência de interpenetração sistêmica em termos de energia, matéria ou informação. Um exemplo fácil para visualizar a interpenetração sistêmica é uma vela ou uma lamparina acesa. Tanto a vela como a lamparina, para iluminar qualquer ambiente, necessitam de oxigênio bem como de azeite, como no caso da lamparina. Esses elementos são retirados do meio ambiente a partir de uma interpenetração energética e material que se processa e que provoca mudanças estruturais na vela ou na lamparina ao queimar o seu pavio.

2.3 Autopoiese

Maturana e Varela descobriram assim que, para existir, todo ser vivo depende de contínuas mudanças estruturais, pelas quais ele conserva a sua organização mediante a realização de processos autopoiéticos, ou seja, de processos que envolvem a capacidade de autorregeneração, de autoprodução, de automanutenção da vida. Caso contrário, ele desaparece ou morre. Não existindo oxigênio suficiente, a vela se apaga. Para tanto, é preciso ter flexibilidade e abertura estrutural em relação ao ambiente externo para que exista um contínuo fluxo nutridor desses processos. É por meio desses fluxos de energia, matéria ou de informações que os sistemas vivos realizam as trocas com o meio e mantêm o seu equilíbrio e a sua identidade organizacional.

Assim, toda rede, para que funcione, necessita de fluidez interna e flexibilidade estrutural. É esta flexibilidade estrutural que permite ou que dá vida ao **"circuito de regeneração"** que possibilita a emergência de novos estados organizacionais do sistema. A **"teia da vida"** (CAPRA, 1997) necessita, portanto, ser flexível e fluida para que o sistema não entre em colapso e se transforme e floresça de outra forma. Ao florescer, o sistema transcende a etapa anterior em que se encontrava e emerge incorporando e transformando tudo aquilo que caracterizava a etapa anterior.

Ao mesmo tempo, a fenomenologia biológica também nos revela que os sistemas vivos, em função de sua autopoiese, apresentam uma tendência ao aumento da diferenciação e não da homogeneização, a partir de suas relações com um ambiente mutável. Pela necessidade que o sistema vivo tem de dar respostas às mudanças no meio, aos desafios impostos pelo ambiente, ele vai se transformando, vai se auto-organizando para poder continuar dinamicamente adaptado ao ambiente em que vive.

Se reconheço e assumo a possibilidade de a educação incentivar e promover a **diferenciação**, ao invés da homogeneização, precisamos também assumir a possibilidade de se fazerem ajustes reguladores em nossas práticas pedagógicas e em nossas propostas curriculares, o que também implica abertura e flexibilidade em nosso modo de ser e em nossa maneira de fazer e de avaliar as nossas ações.

Todos os organismos vivos possuem a capacidade de auto-organização. Esta se refere à maneira como o sistema vivo reage às interferências do meio, às alterações inesperadas provocadas pelo ambiente, à maneira como os intercâmbios ocorrem, ou como ele é capaz de reagir e sobreviver conservando a sua identidade organizacional. Para que um sistema vivo possa passar para um novo estado, ele necessita reorganizar a totalidade do sistema, sinalizando que, no processo de auto-organização, o sistema modifica-se como um todo, transforma-se por inteiro.

Autopoiese seria então uma rede de processos onde os componentes da rede geram a própria rede, como é o caso de uma célula que produz outras células e assim por diante. O processo de cicatrização de uma ferida é um bom exemplo de processo autopoiético, bem como o sistema hematopoiético que produz o sangue. A autopoiese sinaliza a existência de um processo de autorrenovação, de auto-organização que preserva a integridade do sistema. É como se a ordem surgisse a partir de dentro do próprio sistema.

Muito se poderia falar a respeito das valiosas contribuições de Maturana e Varela para o estabelecimento de novos pressupostos capazes de colaborar para uma melhor definição das questões epistemológicas relacionadas com o novo paradigma científico. No livro **Educar na biologia do amor e da solidariedade** (MORAES, 2003), trabalhamos estas questões com maior profundidade e assim o recomendamos para aqueles que desejam conhecer um pouco mais a respeito destes temas.

Neste momento, queremos apenas salientar alguns aspectos fundamentais das teorias desenvolvidas por esses autores e que constituem novos referenciais teóricos para a consolidação do que estamos chamando **Paradigma Educacional Ecossistêmico**. (MORAES, 2003).

Para a fenomenologia biológica defendida por Maturana e Varela, uma das implicações importantes das teorias autopoiética e enativa está na **inexistência de uma realidade independente da experiência subjetiva do observador e a impossibilidade do que acontece no ambiente determinar o que ocorre no interior do sistema vivo**. Tais aspectos vão contra ao instrucionismo tão presente no paradigma tradicional de educação.

Essas teorias revelam também que **a experiência do sujeito é sempre fundamental**, indicando, assim, **a impossibilidade de se ter acesso privilegiado à realidade de modo independente**. Esta somente será revelada a partir da ação daquele que conhece, revelando, assim, a **postura construtivista** de Maturana e Varela, que nos ensina que construímos a realidade e a interpretamos de acordo com a nossa estrutura. Na verdade, nós a coconstruímos a partir de nossas relações com o meio, com o outro e conosco mesmo.

Na verdade, essas novas teorias que desvelam o caráter complexo do conhecimento e da aprendizagem revelam também alguns parâmetros, princípios e valores significativos que podem servir para a reconfiguração de um novo cenário epistemológico. Acreditamos também que tais princípios e valores podem ser indutores de práticas pedagógicas mais dinâmicas, integradoras, complexas e holísticas que requerem, por sua vez, uma maior clareza conceitual em relação ao conhecimento, à aprendizagem e à complexidade envolvida nos processos educacionais.

2.4 Complexidade, aprendizagem e vida

Tanto a educação como a cultura e a sociedade são sistemas complexos, cujo funcionamento envolvem diferentes áreas do conhecimento humano, o que exige um olhar mais amplo para a solução de seus problemas. Temos uma realidade educacional que é sistêmica e, ao mesmo tempo, verdadeiramente complexa, o que exige um tratamento compatível com a sua natureza.

Esta mesma complexidade está presente nos processos de construção do conhecimento, cuja não linearidade se apresenta nos processos interpretativos que são dialeticamente complexos porque intrinsecamente reconstrutivos ou produtivos, como apontado por Demo (2002). Sabemos, por experiência própria, que, em toda tradução, existe um tanto de traição e que, em toda interpretação, existe a reconstrução por parte daquele que interpreta. É, mais uma vez, Pedro Demo que nos auxilia ao reconhecer que **"hermeneuticamente falando, o conhecimento nunca consegue ser o mesmo, mesmo que se quisesse. Transmitir nunca é apenas reproduzir (...) e toda cópia é, pelo menos em parte, também reconstruída"**. (*Ibid.* 125)

Por outro lado, também sabemos que esta compreensão não é fácil, em especial, para aqueles educadores acostumados a fundamentarem os seus trabalhos a partir de outros referenciais teóricos. No cotidiano, a maioria das pessoas também está acostumada a perceber e a interpretar o mundo a partir da visão da Física clássica. Esta compreende a realidade visível como sendo estruturada, estável, e a maioria dos acontecimentos como sendo previsível, predeterminada, e a racionalidade como o estado da mente mais utilizável para a construção do conhecimento técnico-científico.

Entretanto, percebemos também que são os próprios físicos que estimulam em suas acaloradas discussões filosóficas a possibilidade de que exista algo errado no realismo materialista fundado na concepção de que os objetos reais sejam independentes dos sujeitos ou da maneira como os observamos, sinalizando, assim, alguns desdobramentos importantes de natureza epistemológica (GOSWAMI, 2000), como vimos anteriormente.

Hoje, já não é possível, para nós, educadores, ignorarmos as implicações epistemológicas do arcabouço científico que envolve os conceitos de **intersubjetividade**, **auto-organização**, **complexidade**, **desordem**, **indeterminância**, **dinâmica não linear** que caracterizam os sistemas vivos. Percebemos que esses macroconceitos, derivados da Física quântica e da nova Biologia, quando aliados à ciência *enactiva* (VARELA, THOMPSON e ROSCH, 1997), trazem uma visão mais desafiadora da morfogênese do conhecimento, uma visão não linear da dinâmica da aprendizagem, que, mais do que nunca, evidencia a trama existente entre cognição e vida. (MATURANA e VARELA, 1995)

Para esses autores, sistemas vivos são sistemas cognitivos, e a vida, como processo, é um processo de cognição. As interações que acontecem nos organismos vivos são sempre interações cognitivas, construídas no próprio fluxo da vida. É neste fluir da vida que, mediante ações e reações, modelamos o nosso mundo e somos, por ele, modelados e, a partir deste imbricamento estrutural, sujeito e mundo emergem juntos.

É esta rede de interdependência, esta interatividade constante, que faz com que todo sistema vivo tenha sua estrutura sempre aberta para que possa realizar sua dinâmica operacional e estar, biologicamente falando, em constante movimento, em contínuo estado de fluxo. É esta abertura que permite que sempre estejamos exercitando novas estruturas emergentes. Assim, tudo é fluxo e tudo está sempre em processo. É o estado de fluxo que caracteriza o próprio estado da vida.

A **emergência** é também outra característica importante dos sistemas vivos, bem como uma propriedade da própria natureza da matéria. Se existem espontaneidade, indeterminismo, probabilidade e flexibilidade nos organismos vivos, bem como em relação ao tempo, ao espaço e aos ciclos bioquímicos, existe, então, uma vitalidade intrínseca responsável pelas novas emergências que surgem nos processos auto-organizadores da vida.

E quais são alguns dos possíveis significados de tudo isto para a educação? São vários. O que percebemos é que, dessas teorias, surgem alguns princípios e macroconceitos importantes que colaboram para que possamos melhor compreender a complexidade do conhecimento humano e da aprendizagem. Da Biologia, ficamos sabendo que cada aprendiz possui uma dinâmica estrutural que é única e que não admite réplica, nem tréplica e que é constitutiva de sua personalidade, dos seus modos de ser, de aprender, de **sentipensar** (MORAES e TORRE, 2002), enfim, de seu modo de conhecer e estar no mundo. Ao mesmo tempo, inspirados em Maturana, sabemos também que é a partir dessa dinâmica estrutural congruente com a sua trajetória histórico-cultural que ele é capaz de interpretar e conhecer a realidade que o cerca e de realizar-se como ser humano que é.

Esta nova concepção teórica, entre outros aspectos, altera profundamente a relação ética do ser humano consigo mesmo, com os outros, com a natureza e com o sagrado. Requer, por sua vez, uma significativa ampliação no esquema de valores vigente, um resgate maior da ética da diversidade e da solidariedade e a percepção de que o bem comum não pertence apenas à raça humana, mas a toda a comunidade, sendo que tudo que existe, coexiste, merece existir, viver e conviver.

No que se refere à educação, esta abertura implica promover e facilitar processos de auto-organização, de autorregulação e o aparecimento de novas emergências, processos, esses, que caracterizam a própria dinâmica da vida. A existência de vida pressupõe também a presença de mecanismos em rede, como sinalizam Maturana e outros teóricos importantes. Redes metabólicas que apresentam como característica comum a dinâmica da integração, da emergência, da autonomia, da autocriação, enfim, da **autopoiese**. São redes que envolvem a organização como um todo e que garantem a existência de processos auto-organizadores. Cada sociedade, seja ela educacional ou não, distingue-se uma da outra pela rede de operações que realiza, pela rede de interações ou pelas conversações presentes nas relações que a constitui.

No caso da educação, isto significa compreender as relações entre sujeito e objeto, indivíduo e contexto, educador e educando, hemisférios direito e esquerdo, sujeitos, tecnologias e instituições etc. Tal compreensão também nos leva a afirmar que, para se compreender a aprendizagem, é preciso entender as relações que ocorrem entre o ser aprendente e os objetos com os quais ele interage, perceber as relações entre o indivíduo e o contexto, entre o que já se sabe e o que está sendo aprendido, conhecido, transformado mediante mecanismos operacionais que catalisam mudanças estruturais na organização viva do ser aprendente.

3. Paradigma ecossistêmico

O paradigma educacional que emerge a partir desses novos referenciais, pelas características apresentadas, possui um enfoque que poderíamos chamar de **paradigma complexo** ou **paradigma ecossistêmico**. Complexidade significa para Edgar Morin (1990) uma tessitura comum que coloca como sendo inseparavelmente associados o indivíduo e o meio, a ordem e a desordem, o sujeito e o objeto, o professor e o aluno e todos os demais tecidos que regem os acontecimentos, as ações e as interações que tecem a trama da vida. Para Morin (1990:20), **"complexo significa aquilo que é tecido em conjunto"**.

Assim, complexidade passa a ser um princípio regulador do pensamento que não perde de vista a realidade dos fenômenos que constitui o nosso mundo, que não separa a subjetividade da objetividade e não exclui o espírito humano, o sujeito, a cultura e a sociedade (MORIN, 1996). É o olhar complexo sobre os fenômenos que nos permite, segundo Morin, encontrar um substrato comum à Biologia, à Física e à Antropologia. É esse olhar que nos possibilita encontrar certa abertura epistemológica capaz de estender a noção de sistema um pouco mais além da Física e da Biologia, na tentativa de compreender não apenas a natureza ordenada (desordenada) da matéria e o funcionamento dos sistemas vivos mas também as organizações sociais como unidades complexas.

É também o pensamento complexo que não nos permite abandonar o sujeito à sua própria sorte, sinalizando-nos que a existência do sujeito pressupõe a presença do objeto, pois ambos estão implicados e codeterminados. Isto também nos indica que somos coautores e coprodutores dos objetos do conhecimento, que somos influenciados pelos pensamentos e pelas ideias dos outros e que a nossa autonomia é sempre relativa (MORIN, 1996). Uma autonomia que depende das relações que construímos no ambiente onde estamos inseridos; que depende dos processos de auto-organização que garantem a natureza autopoiética dos sistemas vivos como condição para o desenvolvimento de sua autonomia. Na realidade, somos profundamente dependentes em nossa independência, dependentes dos fluxos nutridores que alimentam os vários processos que, ao mesmo tempo, nos permitem desenvolver a nossa autonomia, como sujeitos que somos.

É esta complexidade que também nos revela a incompletude dos processos, que nos mostra a incompletude do conhecimento e a incompletude do ser aprendente que somos. É ela que nos ensina que, simultaneamente, somos seres físicos, biológicos, sociais, culturais, psíquicos e espirituais. E todas essas dimensões envolvidas em nossa corporeidade se influenciam reciprocamente, indicando que, em todas as atividades desenvolvidas pelo ser humano, incluindo o conhecer e o aprender, essas dimensões estão presentes nos processos auto-organizadores que acontecem em nossas estruturas orgânicas. Nada acontece ao nosso espírito que não afete a nossa matéria corporal e vice-versa.

3.1   Por que um paradigma ecossistêmico?

Por que, então, denominá-lo como um paradigma ecossistêmico? Primeiro, porque estamos sujeitos a confundir complexidade com complicação. Para muitos, complexo é algo difícil e complicado de se resolver, gerando, assim, uma reação automaticamente contrária sem conhecer os seus fundamentos. E tudo que rotulamos como complicado, tendemos a ignorar e a deixar de lado. Acreditamos que poderia haver certa resistência por parte dos educadores se denominássemos a Pedagogia decorrente deste paradigma como sendo uma **Pedagogia complexa**.

Segundo, o conceito **sistema** é para Morin um macroconceito piloto, um conceito guia para leitura dos diferentes fenômenos da realidade, sejam eles físicos, biológicos, antropológicos ou socioculturais. O conceito de sistema, como unidade complexa, traz em sua própria raiz a complexidade como base fundacional do pensamento sistêmico. Se uma unidade é complexa, indica que é constituída de inter-relações organizacionais entre os elementos, sinalizando que pensar sistemicamente é pensar a complexidade das relações causais recursivas presentes em todos os níveis da natureza. Assim, entre as várias dimensões que caracterizam o pensamento sistêmico, a complexidade seria, portanto, uma delas. Existindo complexidade, existiria, portanto, uma dinâmica operacional complexa.

Figura 4:
Pensamento ecossistêmico: conceito guia para leitura complexa e relacional dos diferentes fenômenos físicos, biológicos, antropológicos ou socioculturais.

Fonte: Própria

Físicos — Biológicos — Antropológicos — Socioculturais

Por outro lado, vale a pena comentar que, para Edgar Morin, a complexidade é um conceito que ultrapassa a noção de sistema, que vai mais além. Para ele, a organização dos seres vivos, sem deixar de ser sistêmica, é muito mais do que isto, é também complexa, o que faz com que o ser, a existência e a vida ultrapassem a noção de sistema ao irem além do conceito de totalidade sistêmica, incorporando também a sua dinâmica.

Morin alega que o pensamento complexo busca compreender também a dinamicidade processual do sistema, como algo que está sempre em processo de vir a ser, revelador, portanto, de sua incompletude. Mas, se, para ele, sistema é uma unidade complexa e, portanto, constituído de inter-relações organizacionais, em nossa compreensão, nesta definição, também estaria incluída a sua dinâmica auto-organizadora, a sua dinâmica complexa, o que, de certa maneira, combina com o pensamento sistêmico de Maturana e Varela.

Ora, se associarmos ao pensamento sistêmico a dimensão ecológica no sentido trabalhar com a ecossistemologia descrita por Morin (1990), estaremos também reforçando e reconhecendo a existência deste dinamismo intrínseco que traduz a natureza cíclica e fluida dos processos auto-organizadores que caracterizam as diferentes dimensões do ser, da existência e da vida. Isto porque a ecologia é a ciência que estuda as relações entre os seres vivos e o seu meio ambiente. Um pensamento ecológico seria, então, um pensamento relacional, dialógico, indicando que tudo que existe, coexiste e que nada existe fora de suas conexões e de suas relações. Isto se refere não apenas à ecologia natural mas também à cultura, à sociedade, à mente e ao indivíduo, destacando a interdependência existente entre diferentes domínios da natureza, as relações que ocorrem entre seres viventes e não viventes, educadores e educandos, indivíduos e contextos.

O pensamento ecológico é, portanto, relacional, aberto e traz consigo a ideia de movimento, de fluxo energético contínuo, de propriedades globais, de processos autorreguladores, auto-organizadores, que sinalizam a existência de um dinamismo intrínseco que traduz a natureza cíclica e fluída desses processos.

E mais

"a ecologia, ou melhor, a ecossistemologia é uma ciência que nasce. Mas já constitui uma contribuição capital para a teoria da auto-organização do vivo, e, no que diz respeito à antropologia, reabilita a noção da natureza, na qual enraíza o homem. A natureza não é desordem, passividade, meio amorfo: é uma totalidade complexa. O homem não é uma entidade isolada em relação a essa totalidade complexa: é um sistema aberto, com relação à autonomia/dependência organizadora no seio de um ecossistema". (MORIN, 1990:27)

Convém também esclarecer, de imediato, que, quando estamos falando de pensamento sistêmico ou ecossistêmico, estamos, na realidade, indo além dos conceitos e das relações conhecidas, como *input*, *output* e *feedback*, como sendo os elementos constituintes do sistema. Estes conceitos foram estabelecidos pelo ciberneticista Norbert Wiener, na década de 50, em seu livro **Cibernética e sociedade**, onde destacou a aplicabilidade de que tais conceitos iam muito além da tecnologia, em direção aos domínios biológico e social. Estes conceitos foram muito utilizados pelos profissionais da educação que trabalhavam com a Pedagogia tecnicista dos anos 70 e 80, o que muito incomodou vários educadores daquela época. O que pretendemos salientar é que esta visão está ultrapassada, pois, hoje, quando se fala em parâmetros sistêmicos envolvidos em uma organização viva, se está falando em parâmetros descritores dos sistemas vivos, caracterizados pelas categorias – ambiente, conectividade, complexidade, autonomia, emergência, auto-organização como características sistêmicas fundamentais. Existe, portanto, uma inovação conceitual no interior da linguagem sistêmica que a comunidade educacional já não pode mais ignorar.

Para Edgar Morin, o conceito de **sistema** deve ser concebido como um conjunto formal de partes que se complementam para a realização da finalidade do todo e traz consigo a noção de complementaridade, bem como de antagonismo. Um sistema é uma unidade complexa ou uma totalidade que não se reduz à soma de suas partes constituintes. É um conjunto ordenado de objetos, fatos, acontecimentos ou elementos inter-relacionados que apresentam características comuns. Designa, portanto, um conjunto de relações entre os elementos integrantes de uma totalidade.

Assim, estamos reconhecendo o **pensamento ecossistêmico** como um novo paradigma emergente da ciência e que, a partir de seus fundamentos e pressupostos epistemológicos, será capaz de colaborar para profundas transformações em nossas práticas pedagógicas e em nossos estilos de vida. Além de uma nova concepção do processo de construção do conhecimento, ele também traz consigo uma nova visão de mundo e de trabalho científico a partir de suas teorias e práticas que viabiliza.

De uma maneira geral, podemos dizer que o pensamento ecossistêmico reconhece que tudo está interconectado e que o entrelaçamento da vida não é meramente uma conclusão religiosa, mas, sobretudo, científica. É um pensamento que nos permite trabalhar a visão de conjunto, perceber as inter-relações no lugar de fatos ou conhecimentos isolados, compreender os padrões de mudança no lugar de instantâneos estáticos. É um pensamento que revela a existência de uma dimensão contextual, local, circunstancial, o que confere a qualquer fato, evento, fenômeno ou modelo a qualidade de ser sempre datado e localizado no tempo e no espaço. Embora saibamos que o pensamento ecossistêmico nunca se constituirá em um pensamento completo, por maior que seja o número de conexões que possam ser estabelecidas pelo ser humano, é importante utilizá-lo na tentativa de melhor compreender a realidade educacional. É uma maneira de pensar que facilita a compreensão das diferentes conexões, das interações e a busca da totalidade, mesmo sabendo, de antemão, da impossibilidade de encontrá-la.

Os pressupostos que fundamentam o pensamento ecossistêmico colaboram para a construção de uma visão sociointeracionista, auto-organizadora, afetiva e *enactiva* que nos permite aproximar os processos cognitivos da maneira dinâmica com que a vida acontece. São pressupostos que colaboram para o resgate da dimensão contextual, ecológica, relacional e sistêmica da vida. E resgatar a vida no seio dos ambientes educacionais implica criar circunstâncias de aprendizagens, emocionais e mentalmente sadias, capazes de deixar fluir a criatividade, a sensibilidade, a amorosidade e a cooperação. Resgatar a vida é também resgatar o prazer em aprender, a alegria de viver que há muito tempo fugiu de nossas escolas.

Por sua vez, além de resgatar a ética da diversidade e da solidariedade com seus respectivos valores, a consciência ecológica tende a ser mais integradora, global e questionadora das formas de poder que sustentam a sociedade. Traz também consigo, ao mesmo tempo, os pressupostos do pensamento ecossistêmico resgatam, inclusive, a dimensão emocional e afetiva presente nas ações e reflexões que desenvolvemos.

Outro aspecto de extrema relevância é que os seus fundamentos implicam e explicam que já não há espaços para modelos instrucionistas equivocados e epistemologicamente defasados, simplificadores e mutiladores do processo de construção do conhecimento e da própria dinâmica da vida.

Sendo a **complexidade** um dos pressupostos do pensamento ecossistêmico, é possível perceber, fundamentados no pensamento de Edgar Morin, que a chave da complexidade está em se compreender a união da simplificação e da complexidade, em entender o interjogo existente entre análise e síntese, sujeito e objeto, indivíduo e contexto, educador e educando, percebendo a complementaridade dos processos envolvidos na tentativa de compreender a realidade de maneira menos redutora possível. Isto porque sabemos que todo fenômeno complexo é constituído por um conjunto de objetos inter-relacionados, por interações lineares e não lineares.

É toda uma fenomenologia complexa que nos diz que o todo é sempre maior ou menor do que as soma das partes e que, em um sistema qualquer, cada parte não está perdida nem fundida ou confundida no todo, mas possui uma identidade própria diferente da identidade do todo. Um sistema complexo organizado não anula a diversidade, mas a incorpora, sinalizando que a inclusão é uma palavra-chave deste paradigma.

A complexidade seria então esse tecido comum, esse pano de fundo que rege os acontecimentos, as ações, as interações e as retroações. Compreendida desta maneira, a complexidade significaria aquilo que está por trás ou no fundo dos acontecimentos, dos eventos e fenômenos, não sendo apenas um conceito, mas um fator constitutivo da vida que responde pelo entrelaçamento existente entre fenômenos e processos, constituindo, assim, a dinâmica natural da própria vida (MORIN, 1990). Sendo um fator constitutivo da vida, a complexidade deve, portanto, constituir-se como um princípio articulador do novo pensamento e de novas práticas pedagógicas e vivências educacionais.

Em sua perspectiva relacional, ecológica e complexa, o pensamento ecossistêmico é um novo modo de pensar que propõe uma ecologia libertadora de ideias, de pensamentos e, sobretudo, libertadora do coração. Traz consigo a ideia de uma **ecologia profunda**, como a proposta por Arne Ness, ao pensar a reintegração do meio ambiente à consciência antropológica e social coletiva, preocupada com a reforma do pensamento solicitada por Morin. Esta é uma condição para o desenvolvimento de um maior sentimento de cidadania planetária, uma cidadania autossustentável, como a única maneira possível de se construir um futuro viável para todos, um futuro rico em possibilidades criadoras para toda a sociedade e, em especial, para as gerações vindouras.

Uma maior consciência ecológica traz consigo um sentimento de pertencimento mútuo que nos une à Terra e ao cosmo. Esta consciência nos revela que temos também um destino comum e que estamos todos no mesmo barco. Somos companheiros de jornada e precisamos tomar consciência de nossas relações e compromissos fundamentais com a vida, com a natureza, com o outro e com o sagrado que existe dentro de cada um de nós. Esta é uma das razões pelas quais estamos também nomeando este paradigma emergente como sendo ecossistêmico.

Na realidade, desejamos, assim como Morin, uma reforma do pensamento humano apoiada no pensamento ecossistêmico ou no pensamento complexo para que não mais se conspire contra a inteireza humana, contra a própria vida ou contra o espírito humano. Almeja-se uma reforma no pensamento humano que nos leve a reconhecer e a reverenciar a vida, lembrando que aquele que reverencia a vida não a mutila, não a destrói e não a condena.

Por outro lado, esta compreensão mais abrangente do fenômeno da vida e dos elementos integrantes de nossa realidade afeta também os nossos esquemas lógicos e indica a necessidade de uma reconfiguração de natureza epistemológica para que possamos melhor explicar a complexidade dos fenômenos que envolvem as questões relacionadas à aprendizagem, ao conhecimento e à educação em geral.

Isto significa que não podemos pensar a respeito de fenômenos complexos com princípios simplificadores nem podemos compreender o que é inter-relacionado com modelos ou estruturas que rompem relações. Como continuar pensando a educação, o conhecimento, a aprendizagem e a vida com princípios redutores e simplificadores desses processos?

3.2 Dimensões complementares caracterizadoras do paradigma ecossistêmico

O paradigma educacional ecossistêmico é constituído pelas dimensões **construtivista, interacionista, sociocultural, afetiva** e **transcendente**. Estas dimensões possuem uma natureza complementar que reconhece o aprendiz (aprendente) como um sistema vivo, autopoiético, autoconstrutor, autocriador, integrado a um contexto histórico e social com o qual está em constante interação, mediante diálogos e reflexões incessantes a partir de experiências vividas pelas quais ele constrói conhecimento e faz emergir o seu mundo.

Um mundo onde nada é predefinido, predeterminado e independente do ser, mas gerado em sua corporeidade, no seu processo de viver (conviver). É um mundo que emerge e se efetiva mediante o acoplamento estrutural energético, material e informacional. Um mundo que emerge a partir de uma dinâmica estrutural tecida entre o saber, o fazer e o ser concreto, dimensões que se modulam mutuamente, permeadas pelas emoções e pelos sentimentos que influenciam a qualidade das ações, das reflexões e dos comportamentos dos seres aprendentes.

Esta linha de pensamento traduz o ser autopoiético que somos e concebe a aprendizagem a partir de mudanças estruturais que ocorrem congruentes com as experiências vividas, com as ações desenvolvidas, com a história das interações recursivas e das circunstâncias criadas. Uma aprendizagem que se desenvolve a partir das interações com os objetos, com o outro, com o emocionar resultante da convivência do indivíduo consigo mesmo, com o outro e com a natureza, resultante das múltiplas conversações tecidas por um **linguajar** imbricado com o emocionar, mediante processos relacionais e recursivos que se fazem presentes.

Este enfoque traz consigo a visão de que o conhecimento é construído a partir de intercâmbios nutridores entre sujeito e objeto, mediante diálogos, interações, transformações e enriquecimentos mútuos, onde nada é linear ou predeterminado, mas, sim, relacional, indeterminado, espontâneo, novo e criativo.

Este paradigma apresenta uma acentuada perspectiva dialógica que concebe a cocriação de significados entre diferentes interlocutores que participam de um mesmo processo conversacional. Um diálogo entre as diferentes dimensões da vida e as diversas formas de pensamento humano, que reconhece o papel criativo da diversidade, da heterogeneidade, o papel construtivo do acaso, do aleatório, do "erro" na criação de mundos possíveis. É um novo modo de pensar que ressuscita o diálogo entre ser humano, mundo e natureza e estimula intervenções solidárias, mutuamente vantajosas e proveitosas para todos.

É um paradigma que reconhece a importância do diálogo entre teoria e prática, uma complementando a outra, uma retornando sua ação sobre a outra, em uma espécie de dança recursiva e vertiginosa do pensamento que acompanha cada ação. Teoria e prática como dois processos enredados, sincronizados, entranhados e coniventes uns com o outro e que participam, solidariamente, do processo de construção do conhecimento.

O pensamento ecossistêmico coloca como inseparavelmente associados o indivíduo e o contexto, a ordem e a desordem, o sujeito e o objeto e todos os fios que tecem os acontecimentos, as interações, as ações que constroem a realidade e tecem a própria trama da vida.

É também um novo modo de pensar que nos leva a perceber que o processo de auto-organização implica que a organização do nosso mundo exterior está também inscrita dentro de cada um de nós. Está gravada em nossa corporeidade. Isto nos sinaliza que o ritmo cósmico, que regula as estações e os ciclos solar e lunar, está também impresso em nossas células, influenciando não apenas o nascimento e outras emergências mas também nos recordando que cada indivíduo tem um tempo para aprender, para criar, para relacionar-se com o outro, para realizar conexões e construir conhecimentos. Tais aspectos indicam que tudo na vida possui um determinado ritmo cíclico, uma potencialidade dinâmica e recursiva inscrita em cada célula do nosso corpo, e isto não pode ser ignorado.

Figura 5:
Paradigma educacional ecossistêmico e suas dimensões complementares, reconhecendo o aprendiz em uma eterna dinâmica.

Fonte: Própria

3.3 Ações ecologizadas

Ainda inspirados em Edgar Morin e fundamentados em Maturana, podemos argumentar que, se toda ação implica interação, ou seja, inter-relação, é possível inferir que toda ação é então uma **ação ecologizada**, que se expressa mediante processos de interação, de transação, de retroação ou de reação, caracterizando, assim, os vários tipos de ações que acontecem em uma organização viva.

Processos de cooperação, de coconstrução, de coevolução também são constituídos por **ações ecologizadas** que ocorrem a partir de interações mútuas entre diferentes sujeitos, entre sujeito e objeto, sujeito e meio. Isto nos sugere que construímos o mundo influenciado pelas ações, ideias, emoções e pelos pensamentos, sentimentos, valores e sonhos dos outros. Indica também que o conhecimento não parte nem do sujeito nem do objeto, mas da interação entre sujeito e objeto, onde o sujeito que atua sofre, simultaneamente, a ação do objeto, como nos ensinam Piaget e Maturana. É a partir de ações ecologizadas, das interações ocorridas, que emergem novas estruturas que possibilitam outras emergências e novas transcendências. Transcendência a novas formas de conhecimento, a novas formas de individualidade, de coletividade e de solidariedade.

Também vale a pena recordar o conceito de **ecologia cognitiva** de Pierre Levý (1994), como rede de relações entre sujeitos, tecnologias e instituições que interagem para a viabilização de processos de construção do conhecimento. Cada ecologia cognitiva produz regimes cognitivos diferenciados que implicam diferentes modos de aprender. (MARASCHIN, 1995)

Apoiados em Maturana, podemos dizer que instituições e coletividades, como organizações autopoiéticas, são constituídas por seres humanos e suas respectivas relações. Tal aspecto implica que os sujeitos, com suas ações, tecnologias, relações e demais recursos, criam ambientes de aprendizagem que apresentam diferentes ecologias cognitivas. E cada rede de relações, envolvendo sujeitos, tecnologias e instituições, produz diferentes possibilidades cognitivas, pois cada ecologia ou cada ambiente de aprendizagem configura um determinado domínio operacional, certo campo energético e vibracional constituído pelas circunstâncias presentes. E nós, em função da ecologia criada, das circunstâncias que nos rodeiam e das emoções que circulam, fluímos de acordo com essas circunstâncias geradoras de um domínio operacional capaz de potencializar determinados tipos de ações e reflexões, como foi observado por Maturana (1999). Este aspecto tem implicações muito importantes em educação.

3.4 Implicações pedagógicas

Que implicações pedagógicas esta linha de pensamento nos sugere? Se reconhecermos que a emergência de novas estruturas e de novos comportamentos depende das estruturas dos indivíduos e de suas relações com o meio, das relações entre os componentes da rede e as estruturas do meio, tal fato apresenta várias implicações epistemológicas e pedagógicas significativas.

Um dos aspectos importantes é o reconhecimento de que aprendizagem e comportamento pertencem ao domínio das relações do organismo e não somente a ele, já que os processos são codeterminados. Se pertencem ao domínio das relações, isto significa que o comportamento ou a conduta é uma expressão das interações vividas, das circunstâncias criadas, das relações entre sujeito e meio, do contexto e da rede de atividades neuronais que se estabelece em um determinado espaço (tempo).

Em realidade, não representamos a realidade, mas a interpretamos como sujeitos que somos determinados por nossas estruturas e a reconstruímos a partir de nossas observações. Esta compreensão questiona epistemologicamente o instrucionismo argumentando a não existência do movimento da realidade de fora para dentro do cérebro. Se nada acontece de fora para dentro sem que o organismo participe, isto significa que somos dinamicamente determinados em nossas estruturas e codeterminados em relação ao meio, o que ratifica a impossibilidade de aceitar que haja transmissão de conhecimento.

Desta maneira, fica difícil aceitar as palavras treinamento, instrução e transmissão no trato do conhecimento a partir da construção teórica de Maturana e Varela. Tais conceitos implicam que somente o professor ensine e que aluno absorve o que foi ensinado, o que significa uma posição tipicamente de transferência de informações do objeto para o sujeito, o que a nova Biologia já não aceita mais.

Se aprendizagem é um fenômeno interpretativo da realidade, implicando construção, desconstrução e reconstrução (DEMO, 2000), isto pressupõe uma impossibilidade de sua reprodução e de sua transmissão. O condicionamento, a reprodução, as relações impositivas e prepotentes que se apresentam nas práticas instrucionistas já não podem ser consideradas como sendo aprendizagem sob a ótica da nova Biologia (MATURANA e VARELA, 1995). Biologicamente, não é possível ao ser vivo submeter-se ao ambiente e reproduzir o seu destino histórico. Na realidade, cada viajante descobre o caminho ao caminhar, ao mesmo tempo que influencia e determina a escolha da rota a cada instante.

Se nós interpretamos a realidade de acordo com as nossas estruturas e se os fatos, eventos, processos e os mais diferentes fenômenos da realidade dependem das circunstâncias presentes, será que modelos podem ser copiados ou replicados de uma situação para outra? Esta é uma questão interessante para nós, educadores, que sempre argumentamos a favor da "reprodução" ou "aplicação" deste ou daquele modelo. Na realidade, são inúmeras as questões que podem ser suscitadas a partir desses novos referenciais teóricos. Entre tantas possibilidades, podemos sinalizar que uma Pedagogia complexa ou ecossistêmica nos sinaliza que em relação às:

3.4.1 Implicações nos sistemas de ensino e de aprendizagem

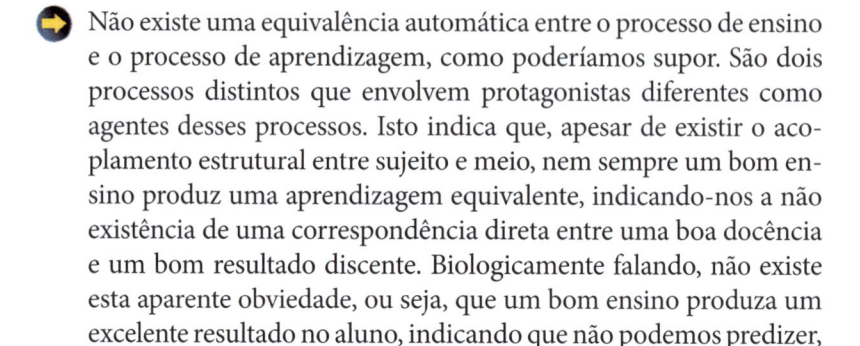

Não existe uma equivalência automática entre o processo de ensino e o processo de aprendizagem, como poderíamos supor. São dois processos distintos que envolvem protagonistas diferentes como agentes desses processos. Isto indica que, apesar de existir o acoplamento estrutural entre sujeito e meio, nem sempre um bom ensino produz uma aprendizagem equivalente, indicando-nos a não existência de uma correspondência direta entre uma boa docência e um bom resultado discente. Biologicamente falando, não existe esta aparente obviedade, ou seja, que um bom ensino produza um excelente resultado no aluno, indicando que não podemos predizer, com certeza, o que se vai passar nas estruturas do sistema vivo.

Embora saibamos que a aprendizagem dependa das circunstâncias criadas pela ação docente, do acoplamento estrutural que essas ações possibilitem, e também reconhecendo que, biologicamente falando, fluímos de acordo com as circunstâncias, apenas estamos afirmando que, pela Biologia, não existe a garantia do sucesso automático esperado, não existe uma correspondência direta entre ensino e aprendizagem. E isto certamente incomoda muitíssimo a maioria dos educadores. São dois processos distintos implicando atores diferentes e com histórias de interações recursivas diferenciadas. Nada garante que o que ocorra com um organismo vivo possa ser predeterminado pelo outro.

- Daí a nossa preocupação em gerar experiências de aprendizagem a partir de interesses e propostas dos alunos. O aluno deve, portanto, ser o centro do processo educacional e, em função dele, as coisas devem ser planejadas, mas sabendo, de antemão, que o imprevisto e o inesperado acontecem e que novas emergências surgem. Isto certamente pressupõe atitude de abertura, diálogos nutridores, corresponsabilidade, construções coletivas e cooperação na busca de soluções aos problemas que se apresentam.

- Isto também nos indica que necessitamos dar um passo além e deixar de identificar Pedagogia como a vertente principal do ensino, mas como articuladora de processos de mediação pedagógica, como criadora de circunstâncias que favoreçam a aprendizagem. Virtual, ou presencialmente, é preciso ter como foco central do processo educacional a vertente da aprendizagem, invertendo, assim, o eixo de nossas preocupações.

- Para uma melhor compreensão das relações pedagógicas, é importante ajustar as teorias construtivistas do conhecimento com as novas teorias biológicas que envolvem a auto-organização do vivo para que possamos melhor compreender a gênese dos processos de construção do conhecimento. Privilegiar o ensino como ponto central de nossas estratégias pedagógicas significa privilegiar o enfoque mentalista de entendimento das relações pedagógicas, esquecendo que, para conhecer, é preciso vivenciar o conhecimento, transformá-lo em nossas estruturas mentais, reconstruí-lo física e/ou mentalmente a partir do que ocorre em nossa corporeidade. É isto que Varela (1996) nos diz com o conceito de mente incorporada.

- Toda proposta pedagógica deve refletir que o aluno seja o verdadeiro artífice de seu próprio processo de aprendizagem.

3.4.2 Implicações curriculares

- Pressupõe também direções e métodos curriculares diversificados, baseados no diagnóstico de necessidades, com variedade de estratégias, técnicas e metodologias para alcance dos objetivos almejados.

O ponto de partida de qualquer proposta curricular passa, então, a ser as necessidades e os interesses dos alunos. É um currículo derivado dos contextos e dos sujeitos e aberto às mudanças necessárias tanto sobre o aspecto técnico e científico para acompanhar a evolução da ciência e da tecnologia como no que se refere aos aspectos socioculturais. É um currículo aberto à vida, ao que acontece no mundo, no entorno e voltado para a solução criativa e crítica dos problemas.

É um currículo em ação (FREIRE, 1987; MORAES, 1997; TORRE, 1999), que possui movimento de abertura, baseado no princípio da interação entre sujeito e objeto e no princípio da auto-organização. Este reconhece o papel importante dos conflitos e dos desequilíbrios que impulsionam os processos autorreguladores.

Sob este enfoque, o currículo deve ser compreendido como uma estrutura aberta ao inesperado, ao imprevisto e à mudança, algo que está sempre em processo de negociação e renegociação em função das necessidades dos alunos, dos professores, das realidades e instâncias administrativas. Mesmo estando sujeito à mutabilidade constante, em função da necessidade de atualização constante em relação ao seu entorno, é uma estrutura que apresenta certa distinção identitária caracterizada pelas finalidades, objetivos, marcos teóricos e referenciais que o caracterizam.

É um currículo "vivo", flexível, aberto, sempre em processo, o que garante o seu caráter dialógico com uma realidade em constante movimento. Em um sistema educacional aberto, o professor aceita a incerteza, acolhe o inesperado, reconhece a necessidade de mudança e replaneja suas ações. É um professor sempre aberto ao diálogo e aos fluxos nutridores ativados pelas perguntas e pelos desafios desestabilizadores que incentivam o movimento e a dança recursiva do pensamento.

Um currículo sempre preocupado em explorar o desconhecido, em possibilitar novas emergências e transcendências, indo mais além da pura e simples transmissão de conteúdos.

3.4.3 Implicações estratégicas e metodológicas

→ Sob o olhar ecossistêmico, é recomendável a busca de novas formas de mediação pedagógica entre a ação docente e a aprendizagem do aluno. Para tanto, recomenda-se o desenvolvimento de estratégias didáticas que privilegiem diferentes tipos de linguagem, que estimulem desafios, vivências, curiosidades, promovam iniciativas, enfim, estratégias que colaborem para o desenvolvimento da autonomia. Serão bem acolhidas as estratégias flexíveis e interativas voltadas para o processo, mas sem descuidar dos conteúdos e dos resultados.

→ Corresponsabilidade, cooperação e solidariedade passam a ser atitudes básicas que necessitam ser cultivadas nos ambientes educacionais, em todos os níveis e etapas processuais. Daí a necessidade de maior ênfase nas estratégias cooperativas de aprendizagem, nas colaborações mútuas e na valorização de propostas coletivas, além de um maior cuidado com as questões éticas.

→ Devem ser incentivadas metodologias que facilitem e promovam trocas intersubjetivas, processos de reflexão e tomadas de consciência a partir de processos reflexivos e auto-organizadores.

→ Uma atenção especial para metodologias que fomentem a criatividade, a autonomia e a criticidade, a tematização do cotidiano, a vivência de valores e o indivíduo como pesquisador.

→ Dar ênfase às formas mais organizadas de expressão e representação do conhecimento em termos de sequências e interações, bem como às visões de diferentes aspectos de um problema.

→ Valorizar também metodologias que deem uma atenção especial aos aspectos emocionais, às relações colaborativas etc.

As estratégias devem ajudar a pensar de maneira mais complexa, de forma integradora, global e articulada.

3.4.4 Implicações em relação ao ambiente

➡ Cada momento é único e cada experiência também é única, implicando processos auto-organizadores que, a cada instante, modificam as estruturas dos sistemas vivos. Envolvem, portanto, a corporeidade do aprendiz, o que significa que as emoções que circulam são também muito importantes ao especificarem domínios operacionais. Assim, como educadores, precisamos ter maior consciência da importância dos momentos, das experiências e circunstâncias criadas, do clima que está presente e saber que, por mais que nos preocupemos em criar circunstâncias semelhantes às anteriormente criadas, aquelas jamais se repetem. Isto porque aprendizagem e conhecimento possuem uma inscrição corporal que é sempre específica, complexa, datada, apoiada na interação sensorial que ativa pensamentos, sentimentos e emoções que circulam no campo energético e vibracional criado pelas circunstâncias.

➡ Conhecer não é, portanto, apenas uma operação mental, mas é toda uma ativação de pensamentos e raciocínios que tem por base as emoções e os sentimentos vividos em determinadas circunstâncias.

3.4.5 Implicações em avaliação

➡ A avaliação passa a ser também uma parte importante do processo auto-organizacional, tanto no nível do indivíduo como da organização escolar. Para tanto, os processos auto-organizadores, tanto do sujeito quanto das instituições, acentuam a dimensão autoformadora da avaliação, que já não é mais um apêndice, nem um anexo ao final do processo, mas apresenta uma acentuada ênfase formadora no processo. Isto nos indica que ela deva proporcionar informações relevantes para a formação do aluno e não somente informações sobre o aluno em momentos determinados pelo professor.

➡ Sob o olhar autopoiético, a própria avaliação é também indutora de processos que impliquem mudanças de conduta ao fornecer informações relevantes do que está acontecendo com o aluno, em seu processo de autoavaliação. O aluno, ao se autoavaliar, estará simultaneamente, em processo de autoformação, de auto-organização, gerindo o seu próprio processo de formação, de desenvolvimento e de aprendizagem. E, assim, a avaliação é também um instrumento para o desenvolvimento da autoestima e para a conquista da autonomia, sendo esta uma das características fundamentais dos processos autopoiéticos.

➡ É também uma avaliação de caráter processual, contínua no tempo, que valoriza cada etapa intermediária, que reconhece e valoriza as situações imprevistas e os objetivos não planejados como elementos importantes para o sucesso de todo o conjunto e para a realização dos ajustes necessários à sua melhoria. É uma avaliação capaz de atender à diversidade de interesses, de situações e de metodologias.

Assim, acreditamos que o **paradigma educacional ecossistêmico** poderá nos ajudar a tomar consciência de que as nossas relações fundamentais com a vida, com a natureza, com o outro e com o cosmo dependem também de nossa maneira de conhecer, de pensar, de aprender, dependem de nossas representações internas que se revelam em nossas ações. Enfim, dependem de nossa maneira de ser e de estar no mundo. Tendo esta consciência mais clara, fica mais fácil compreender o ser humano em sua totalidade, ajudá-lo a desenvolver melhor as suas potencialidades, os seus talentos, as competências e as habilidades, para que ele possa, em sua inteireza, desenvolver a solidariedade, a amorosidade, aperfeiçoando a sua própria humanidade a partir dos ambientes educacionais, colaborando, assim, para que possa realizar a finalidade maior de sua existência. Fica também mais fácil reconhecer a presença da complexidade da vida no interior de cada um de nós. E, ao reconhecer a presença da vida, certamente aprenderemos a valorizá-la um pouco mais e, assim, estaremos conspirando a favor de um mundo melhor, mais humano, solidário e fraterno.

REFERÊNCIAS

ASSMANN, Hugo. **Metáforas novas para reencantar a educação**: epistemologia e didática. Piracicaba: UNIMEP, 1998.

BERTALANFFY, Ludwig. **General Systems Theory**. New York: Brazillier, 1986.

BÖHM, David. **A totalidade e a ordem implicada**: Uma nova percepção da realidade. São Paulo: Cultrix, 1992.

BÖHM, David. **Sobre el diálogo**. Barcelona: Gedisa, 1994.

CAPRA, Fritjof. **A teia da vida**. São Paulo: Cultrix/Amaná, 1997.

CAPRA, Fritjof. **Conexões ocultas**. São Paulo: Cultrix/Amaná, 2002.

D'AMBRÓSIO, Ubiratan. *et al*. **Conhecimento, cidadania e meio ambiente**. v 02. São Paulo: Peirópolis,1998.

DEMO, Pedro. **Complexidade e aprendizagem**: dinâmica não linear do conhecimento.São Paulo: Editora Atlas, 2002.

FREIRE, Paulo. **Pedagogia do oprimido**. 17. ed., Rio de Janeiro: Paz e Terra, 1987.

GOSWAMI, AMIT. **O universo autoconsciente**: como a consciência cria mundo material. Rio de Janeiro: Record: Rosa dos tempos, 2000.

LËVY, Pierre. **As tecnologias da inteligência**: o futuro do pensamento na era da informática. Rio de Janeiro: Nova Fronteira, 1994.

LOVELOCK, James **Gaia – Um modelo para a dinâmica planetária e celular**. *In* W. I. Thompson (org.). Gaia: Uma teoria do conhecimento. São Paulo: Editora Gaia, 2000.

MATURANA, Humberto. **Emociones y Lenguaje en educación y política**. Santiago: Dolmen ediciones, 1995.

MATURANA, Humberto. **La objetividad: Un argumento para obligar**. Santiago: Dolmen Ediciones, 1997.

MATURANA, Humberto. **Da biologia à psicologia**. Porto Alegre: Artes Médicas, 1998.

MATURANA, Humberto. **A ontologia da realidade**. Belo Horizonte: Editora da UFMG, 1999.

MATURANA, Humberto. **Transformacíon en la convivencia**. Santiago:Dolmen Ediciones, 2000.

MATURANA, Humberto e VARELA, Francisco. **A árvore do conhecimento**. Campinas (SP): Editorial Psy, 1995.

MATURANA, Humberto e BLOCK, S. **Biologia del emocionar y Alba emoting**: bailando juntos. Santiago: Dolmen ediciones, 1996.
MATURANA, Humberto e VARELA, Francisco. **De máquinas e seres vivos**. Porto Alegre: Artes Médicas, 1997.

MARASCHIN, Cleci. **O escrever na escola**: da alfabetização ao letramento. Porto Alegre: UFRGS. [Tese de doutorado]. 1995.

MORAES, Maria Cândida. **O paradigma educacional emergente**. Campinas/SP: Papirus. 9ª Ed,. 1997.

MORAES, Maria Cândida; TORRE, Saturnino de la. **Sentipensar bajo la mirada autopoiética o como reencantar creativamente la educación. Creatividad y sociedad**. v.2, p. 45-56, Revista de la Asociación para la Creatividad. Madri, 2002.

MORAES, Maria Cândida. **Educar na biologia do amor e da solidariedade**. Petrópolis/RJ:Editora Vozes, 2003.

MORAES, Maria Cândida. **Pensamento ecossistêmico**: educação, aprendizagem e cidadania no século XXI. Petrópolis/RJ: Editora Vozes, 2004.

MORIN, Edgar. **O paradigma perdido**: a natureza humana. Sintra/Portugal: Publicações Europa-América, 1990.

MORIN, Edgar. **El Método**: la vida de la vida. Madri: Ediciones Cátedra, 1998.

MORIN, Edgar. **Sociologia**: A sociologia do microssocial ao macroplanetário. Sintra/Portugal: Publicações Europa América,1998.

MORIN, Edgar. **Introdução ao pensamento complexo**. Lisboa: Instituto Piaget, 1995.

MORIN, Edgar. *et al*. **O problema epistemológico da Complexidade**. Sintra/Portugal: Publicações Europa-América, 1996.

MORIN, Edgar. **Ciência com Consciência**. Rio de Janeiro: Bertrand Brasil, 1996.

MORIN, Edgar. **La mente bien ordenada**. Barcelona: Editorial Seix Barral, 2000.

POZO, Juan I. **Humana mente**: el mundo, la conciencia y la carne. Madrid: Ediciones Morata, 2001.

TORRE, Saturnino de la. **Innovación curricular**: proceso, estrategia y evaluación. Madrid: Dykinson, 1994.

TORRE, Saturnino de la. **Currículo para el cambio**. Revista Bordón, 51, 4, 391-414, 1999.

VARELA, Franscisco;THOMPSON, E. e ROSCH, E. **De cuerpo presente**: Las ciencias cognitivas y já experiencia humana.Barcelona: Gedisa, 1997.

VARELA, Francisco. **O caminho faz a trilha**. *In* W. I. Thompson (org.). Gaia: Uma teoria do conhecimento. São Paulo: Editora Gaia,1997.

VARELA, Francisco. **Conocer**. Barcelona: Gedisa Editorial, 1996.

II. OS FUNDAMENTOS DO SENTIPENSAR

Maria Cândida Moraes
Saturnino de la Torre

Sentipensar, termo criado pelo Prof. Saturnino de la Torre (1997), em suas aulas de criatividade na Universidade de Barcelona (TORRE, 2001), indica "o processo mediante o qual colocamos para trabalhar conjuntamente o pensamento e o sentimento (...), é a fusão de duas formas de interpretar a realidade, a partir da reflexão e do impacto emocional, até convergir num mesmo ato de conhecimento a ação de sentir e pensar". (TORRE, 2001:01)

Para o Prof. Saturnino de la Torre, este termo traduz um processo de fusão e de integração do "sentir-pensar", associado a outros impulsos básicos como persistir, interagir, atuar, comunicar etc. Para ele, são duas categorias complementares, duas polaridades, uma envolvendo o âmbito afetivo emocional e a outra o âmbito cognitivo. Daí a necessidade, segundo Torre (*Ibid.*), de uma concepção holística e integradora da realidade, onde o biológico, o psicológico e o sociocultural representam dimensões parciais de uma realidade complexa.

Para tanto, necessitamos compreender o ser humano em sua inteireza, reconhecendo que a identidade humana surge, realiza-se e conserva-se de maneira complexa. Na vida cotidiana, o ser humano atua como um todo, onde pensamento e sentimento estão em holomovimento, conjugando-se de tal modo que fica difícil saber qual dos dois prevalece sobre o outro.

Figura 6:
Holomovimento complexo do sentir, pensar, agir e transcender.

Fonte: Própria

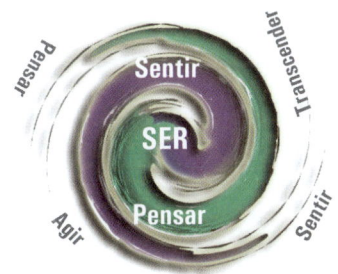

Em nosso dia a dia, muitas vezes não percebemos o quanto o sentir e o pensar estão biologicamente entrelaçados, enredados uns aos outros. Muitas vezes, sentimo-nos emocionados e felizes em determinados ambientes ou em certos momentos, e isto permite que certos pensamentos aflorem, facilitando a liberação de energia criadora anteriormente bloqueada e o encontro de soluções a problemas anteriormente insolúveis. É esta sensação de profundo bem-estar e de satisfação que faz com que se vivencie um processo criativo de geração de novas ideias, quando uma onda de criatividade inimaginável se faz presente.

No ato de conhecer a realidade, ações e pensamentos estão entrelaçados com as emoções e os sentimentos, com os desejos e afetos, gerando uma dinâmica processual que expressa a totalidade humana. Uma totalidade que se revela nas ações e nas múltiplas conversações que o indivíduo estabelece consigo mesmo, com os outros, com a cultura e o contexto. Nossa maneira de ser e de atuar expressa esta tessitura comum que existe em nosso modo de pensar, sentir e falar: pensamento, emoção e linguagem. Maturana vai mais além ao se referir ao termo linguajar como sendo o operar da linguagem, humana e animal.

1. Fundamentação teórica do sentipensar

1.1 A linguagem como expressão do sentipensar

É isto o que nos sinalizam Maturana e Varela com sua Teoria Autopoiética para quem educar é um fenômeno psicossocial e biológico que envolve todas as dimensões do ser humano, em total integração do corpo, da mente e do espírito, ou seja, do sentir, pensar e atuar. Ou como diz S. de la Torre: ser, saber, fazer e querer. Não é a razão o que nos leva à ação, mas a emoção (MATURANA, 1999). Cada vez que temos dificuldade em fazer algo, existe, de fato, dificuldade no "querer", faceta que fica oculta pela argumentação sobre o fazer. Será possível conhecer o indivíduo observando suas atuações? Observando suas ações, será possível conhecer suas emoções?

A Teoria Autopoiética nos ajuda a fundamentar esta construção interativa entre pensar e sentir, oferecendo-nos uma base científica de grande consistência epistemológica, capaz de reconciliar o processo de construção do conhecimento e a maneira dinâmica na qual a vida acontece. Compreende que vida e aprendizagem já não mais se separam, pois aprender também envolve processos de auto-organização, de autoconstrução, nos quais a dimensão emocional tem um papel destacado. É uma teoria que reconhece a inscrição corporal dos processos cognitivos e colabora para a construção de ambientes de aprendizagem propícios à construção de conhecimento e ao desenvolvimento de valores humanos, destacando a biopsicossociogênese desses processos.

Como educadores, creio que temos de pensar seriamente nestas questões se pretendemos educar visando à restauração da inteireza humana, onde pensamentos, emoções, intuições e sentimentos estejam em constante diálogo em prol da evolução da consciência humana. Portanto, é necessário que busquemos novas teorias, novas referências que explicitem, com maior clareza, as questões epistemológicas imbricadas no ato de educar.

Certamente, tudo o que envolve o operar dos seres vivos pressupõe uma fenomenologia biológica (MATURANA, 1999). Todas as realizações humanas envolvem a realização dos seres humanos como seres vivos, sinalizando que a Biologia não apenas envolve os aspectos relacionados à reprodução, aos ácidos nucleicos e às mitocôndrias mas também às realizações no âmbito social-humano, como nos explica Maturana (*ibid.*). No caso dos sistemas sociais, existe um domínio físico e biológico com o qual os indivíduos interagem, bem como um domínio simbólico que surge com o pensamento, a consciência e a linguagem humana.

Sob o olhar autopoiético de Maturana, toda realização humana se explica a partir da linguagem, e o que não ocorre no seu âmbito não se poderia chamar de realização humana. Por sua vez, a linguagem somente existe por meio de um processo de interações recorrentes que surgem em nossa corporeidade, a partir do acoplamento estrutural que existe entre o indivíduo e o meio. O gesto, a fala, o som e a postura emergem no fluir recursivo de coordenações consensuais (conversações) que constituem a linguagem. Por outro lado, de acordo com esse autor, a linguagem surge a partir da emoção, do entrosamento do linguajar com o emocionar, indicando que o ser humano vive em um eterno conversar.

Para Humberto Maturana (1999), as palavras constituem operações que surgem durante a existência dos seres vivos que participam de um mesmo processo conversacional, de tal maneira que o fluir das mudanças corporais, das posturas, das atitudes e das emoções influencia o conteúdo da linguagem. Isto indica que o que acontece em nossa dinâmica corporal se reflete em nosso linguajar, sentir e pensar. Para esse autor (1995), a linguagem não é um sistema de comunicação simbólica, onde os símbolos são entidades abstratas e flutuantes a serem coordenadas por meio de novos discursos, de novas conversações. Para ele, os símbolos seriam secundários à linguagem, pois o mais importante é a coordenação de ações, ou seja, a comunicação. Sem esta, não existiria a linguagem que é um fenômeno biológico produzido no fluxo das ações e emoções que surgem a partir de condutas consensuais. Desse modo, insiste-se no reconhecimento do emocional como motor da linguagem, diante dos modelos cognitivos simbólicos no qual predomina o cognitivo.

As conversações, portanto, constituem redes de ações consensualmente coordenadas (MATURANA, 1999), tecidas no próprio processo que emerge no entrelaçamento do emocionar com o linguajar, tecidas no viver (conviver) do qual emerge o mundo, no qual estão inseridos os vários micromundos que criamos ao nosso redor.

A interação linguística, como expressão do sentipensar, surge acoplada aos domínios cognitivos de duas ou mais pessoas, sempre modulada pelas emoções que permeiam ou resultam da convivência de uns com os outros na própria tessitura da vida. A este fluir entrelaçado do emocional com a linguagem é que Maturana chama conversar. Nas conversações, converge o fluir das emoções com a própria linguagem.

Assim, em nosso dia a dia, nos comunicamos, atuamos, trocamos ideias, expressamos nossas emoções como consequência das interações vividas. Ao mesmo tempo, fluem os nossos sentimentos como resultado de nossas vivências dentro e fora do linguajar.

As realizações humanas resultam, portanto, dessa dinâmica relacional provocada pelas mudanças estruturais geradas no fluir de uma emoção a outra. E isto não acontece por acaso, mas surge a partir da coerência do próprio viver do sujeito, da forma como ele se encontra inserido na biosfera cósmica. É por esta razão que, observando o emocionar de um indivíduo, em um determinado momento, podemos saber algo mais sobre como ele vive e, conhecendo o seu modo de viver, podemos deduzir algo sobre suas emoções e sentimentos.

1.2 Emoções como dinâmicas relacionais

Para Maturana (1995), a emoção não se expressa apenas falando, vive-se com todo o corpo. É por meio da dinâmica corporal que se revela o emocionar de cada um. É o fluir contínuo das emoções que modela o nosso cotidiano e todo o nosso viver (conviver) que constitui o fundamento de tudo que realizamos. Inclusive do nosso sentipensar, lembrando que qualquer fato da vida tem como base fundamental o emocionar.

Disto resulta que as emoções, os sentimentos, as linguagens e os pensamentos estão todos imbricados, interagindo constantemente na concatenação de argumentos e noções carregados de significados. Para Maturana (1995), todo sistema racional emerge como um sistema de coordenações, tendo como base as emoções vividas no instante em que estamos pensando. Para este eminente cientista, a existência humana se realiza na linguagem e no racional a partir do emocional, e todas as dimensões humanas estão mutuamente implicadas.

Para ele, as emoções são disposições corporais que surgem a partir de mudanças estruturais (químicas, energéticas, neurais etc.) e que especificam, a cada instante, o domínio de ações em que o indivíduo se encontra. O emocional, o fluir de uma emoção a outra, traduz o fluir de um domínio de ação a outro. Assim, o pensar, o sentir e o atuar humano são fenômenos que ocorrem do ponto de vista biológico e se manifestam em qualquer situação. Desta forma, de acordo com Maturana, podemos concluir que todas as ações humanas se fundam no emocional, independentemente do espaço operacional em que surgem. Isto porque, para esse autor (1991:22), "não há nenhuma ação humana sem uma emoção que a estabeleça como tal e a torne possível como ato", e tanto o pensar como o agir ocorrem no espaço determinado pelas emoções.

Todos esses aspectos nos levam a compreender mais facilmente que, do ponto de vista autopoiético, todo o sistema racional tem suas bases fundadas no emocional. É por esta razão que nenhum argumento racional consegue convencer alguém que, *a priori*, esteja emocionalmente preso, bloqueado em relação à aceitação de determinados argumentos. Por outro lado, isto nos leva a pensar, apoiados nesta teoria, que, ao mudar a emoção, modifica-se o domínio de ação, confirmando, assim, o que acontece em nosso cotidiano e no funcionamento da fisiologia corporal.

Como exemplo, podemos observar que, se qualquer desacordo entre duas pessoas está fundado em fortes bases emocionais, não existem argumentos, premissas, tentativas de racionalização que façam com que o outro deixe de lado os seus pontos de vista e os motivos nos quais está apegado. As razões e os argumentos são gerados pelos pensamentos, e os motivos estão arraigados às crenças e aos sentimentos. Quantos litígios familiares relacionados às questões de herança e à partilha de bens demandam anos e anos para serem resolvidos por falta de acordo, consensos e espírito de colaboração. Na base de todo este processo, encontra-se uma variedade de emoções, desde a raiva, a ira e a tristeza até mesmo a compaixão e o afeto. Muitas ações e reações estão fundadas em sentimentos negativos para os quais não existem argumentos racionais capazes de minimizar as emoções ou tensões que emergem nesses tipos de demandas.

O processo de sentipensar resulta de uma modulação mútua e recorrente entre emoção, sentimento e pensamento que surge no viver (conviver) de cada pessoa. A linguagem utilizada expressa esse entrelaçamento, mostrando o quanto o emocionar de uma pessoa que participa de uma conversação afeta o emocionar de outra, de modo que, nas conversações que se entrecruzam, mudanças estruturais e de condutas são produzidas, originadas no âmbito relacional em que ocorrem. Sentipensar é o encontro intensamente consciente de razão e sentimento.

Para Maturana (1999), as emoções constituem dinâmicas corporais distintas e especificam, dependendo da situação, os domínios relacionais possíveis para um determinado organismo. Emoções não são estados, mas dinâmicas relacionais (MATURANA, 1996:126), dinâmicas corporais, significando que vivemos em contínuo fluxo, mesmo quando estamos aparentemente estacionários.

A emoção, segundo Maturana (1995), não necessita da linguagem para ocorrer. Em compensação, os sentimentos requerem a linguagem porque surgem da reflexão com que se observa, ou de como está o emocionar de um e de outro. A reflexão somente é possível se existe a linguagem. Portanto, "sentimentos correspondem às distinções reflexivas que fazemos no linguajar sobre como estamos, ou como estaria o outro no seu emocionar" (MATURANA e BLOCH, 1996:247). Para esses autores, os sentimentos seriam emoções que se prolongam no tempo e se transformam em estados emocionais e, para serem descritos, necessitam da linguagem. As emoções "constituem dinâmicas corporais específicas em cada instante e expressam os diferentes domínios de relações possíveis de um organismo" (MATURANA e BLOCH: 247). As emoções se expressam no viver (conviver) e estão presentes em todas as ações do ser humano. É a emoção que define o tipo e a qualidade da ação.

> "Se quiser conhecer a emoção, observe a ação e se quiser conhecer a ação, veja a emoção."
> (Maturana, 1995:248).

2. O sentipensar em fluxo

2.1 Pensar e sentir como energia

A metáfora do fluxo utilizada pela Biologia e pela Física quântica é útil neste momento e por várias razões. Além de indicar a existência de uma interatividade energética e material constante entre sistema vivo e meio, sinaliza também que estamos sempre exercitando ou desenvolvendo novas estruturas, indicando a ocorrência de mudanças contínuas no metabolismo envolvendo milhares de substâncias químicas. Biólogos e físicos sinalizam que o estado de fluxo caracteriza o estado da vida e que, na base dos processos de mudança e de transformação presentes na natureza, existe um fluxo energético onde "a energia é o princípio da mudança, é o princípio causativo de qualquer processo de transformação". (SHELDRAKE, 1990:56)

Esta metáfora também vem sendo utilizada por psicólogos (CSKSZENT-MIHALYI, 1999), místicos e artistas para descrever a sensação da ação sem esforço, da energia psíquica em direção a algo que está sendo produzido ou realizado, algo que nos traz alegria, felicidade e profunda sensação de bem- estar.

Para o físico David Böhm (1991:77), "não só todas as coisas estão mudando, mas tudo é fluxo". Todos os objetos, os eventos, as entidades, as condições, as estruturas etc. estão sempre em processo, sempre em fluxo. É como a água de um rio que flui, cuja essência nunca é a mesma. O mesmo ocorre com os pensamentos, sentimentos, emoções e o próprio conhecimento que estão sempre em processo de mudança. Para ele (*Ibid.*), "todo conhecimento é produzido, comunicado, transformado e aplicado no pensamento" (1991:79) e, em sua essência, "pensamento é a resposta ativa da memória em cada fase da vida (...)

e nele estão incluídas as respostas intelectuais, emocionais, sensoriais, musculares e físicas da memória" (*Ibid.* p.79). Todos esses aspectos integram um processo indissolúvel, não podendo ser separados, caso contrário causariam muita confusão e fragmentação. Para David Böhm (1991:79), "todos esses aspectos constituem um processo único de resposta da memória para cada situação efetiva, resposta essa que, por sua vez, leva a uma contribuição adicional à memória, condicionando assim o próximo pensamento".

Este brilhante físico ainda nos esclarece que algumas formas de pensamento, como as memórias de prazer e dor, em combinação com imagem visual, auditiva ou olfativa podem ser evocadas por um objeto ou situação. Para ele, essas memórias envolvendo conteúdo de imagens não estão separadas daquelas que envolvem sentimentos, sendo que o significado total de tal tipo de memória é a conjunção da imagem com o sentimento que nos inspira, o que, junto com o conteúdo intelectual e a reação física, constitui a totalidade do julgamento que faz em relação às lembranças que elas evocam (BÖHM, 1991). Esta é uma das razões que nos incentivam a usar imagens adequadas em nossas conferências.

Para David Böhm (1991:125), "todas as entidades são formas em holomovimento, incluindo o homem e a mulher com todas as suas células e seus átomos" (1991:53). Para ele, o universo existe como expressão vibratória e energética, onde tudo é dinâmico, tudo vibra. Tudo é fluxo e tudo está sempre em processo. Em seu livro "A totalidade e a ordem implicada", Böhm nos revela que "nossos pensamentos, sentimentos, anseios, vontades e desejos têm seus fundamentos na ordem implicada do universo maior" (1991:125), indicando também que, dentro de cada um de nós, existe uma ordem implicada que envolve a totalidade humana representada pelos pensamentos, sentimentos, emoções e afetos, aspectos estes que se desdobram, se manifestam por meio de pensamentos, ações e outras formas de expressão. Dentro de cada ser humano, existe uma ordem implicada onde se encontram os sentimentos, as emoções e os pensamentos em processo, onde estão as alegrias e as tristezas responsáveis pelo colorido da vida. Algo que é mais sutil que a matéria densa que constitui a nossa corporalidade, mas que pertence a uma ordem implicada que se revela mediante processos reflexivos gerados pela mente, pelas emoções, pelos sentimentos e afetos em constante estado de fluxo.

Para os físicos David Böhm e Gary Zukav, pensamentos, palavras, intenções, emoções e sentimentos são correntes de energia de diferentes frequências vibratórias que configuram um espaço energético e vibracional. Testemunho disto são as afirmações de Gary Zukav (1991:90) para quem "cada palavra que pronunciamos contém energia (...) toda intenção põe energia em movimento" e, em outra parte, afirma: "emoções são correntes de energia de diferentes frequências que passam através de nós". Para ele, as emoções refletem as intenções, de tal forma que a consciência das emoções leva à consciência das intenções.

Todos esses aspectos estão presentes nos ambientes de aprendizagem e configuram estados emocionais que influem nas ações e reflexões, nos estados de alegria e momentos de bem-estar.

Em realidade, em nosso dia a dia, fluímos de uma emoção a outra. Fluímos como se fosse um *continuum*, ainda que, muitas vezes, não tenhamos consciência desse processo. Os estados emocionais implicam diferentes níveis de ativação fisiológica que podem ser percebidos com a respiração ofegante, o rubor das faces ou a pulsação alterada, bem como por meio de secreções hormonais, alterações do sono ou lágrimas que escorrem pela face. Se as emoções e os sentimentos provocam mudanças estruturais químicas, energéticas e neurais, podemos então deduzir que o fluir do sentipensar é também um fenômeno biológico que envolve mudanças estruturais da organização viva.

Isto indica a existência de uma dinâmica corporal como expressão dos sentimentos, das emoções e dos pensamentos de cada ser humano. Esta dinâmica estrutural resulta do entrelaçamento do linguajar, do pensar e do sentir, diferentes dimensões que constituem a totalidade humana e que se encontram unidas na ordem implicada. Cada neurônio do nosso corpo traduz as nossas emoções, os nossos sentimentos, as correntes vitais que estimulam e ativam nossos pensamentos e ações. Na verdade, somos o que são os nossos pensamentos, sentimentos e emoções. Somos o que são as circunstâncias e os fluxos que nos alimentam.

Assim como as emoções, o sentipensar, o entrelaçamento do sentir e do pensar gera um campo de ação, cria um espaço operacional, o que nos leva a concordar com Maturana (1999) ao dizer que todas as ações humanas têm por base as emoções, os sentimentos e os pensamentos que emergem no ser humano. Para esse autor, mudando a emoção, muda-se o domínio de ação e de reflexão. Muda-se o modo de pensar, raciocinar, sentir e se expressar. Por isso, é fundamental que os educadores compreendam a importância, o sentido e a utilidade desta conexão para a melhoria dos processos educacionais. Este entrelaçamento, se bem encarnado nos sujeitos, deveria fundir-se em um vínculo semelhante ao sentipensar. Somente falaríamos de ensino quando houvesse aprendizagem e não quando se transmitisse meramente informação sem efeito no sujeito. Uma situação limite seria aquela na qual o professor explica sem que ninguém entenda. É como falar em uma classe vazia. Ninguém entenderia que ocorrera ensino, já que não houvera aprendizagem.

Vários autores (MATURANA e BLOCK, 1996; DAMÁSIO, 2000 e BISQUERRA, 2000) sinalizam que as emoções criam um espaço operacional a pelo do qual determinadas ações e reflexões são potencializadas. Para Bisquerra, em cada emoção, existe uma tendência a atuar conscientemente ou não. A vivência emocional produz mudanças fisiológicas que predispõem à ação, sendo esta constituída de reações involuntárias (mudanças fisiológicas) ou voluntárias (faciais, verbais, comportamentais etc.) (BISQUERRA, 2000).

Podemos afirmar, pois, que, no instante em que estamos percebendo, pensando ou atuando sobre um objeto, existe um sistema coordenado de ações que tem como base as sensações e emoções vividas em função de determinadas circunstâncias com as quais o indivíduo interage. Essas circunstâncias geram um campo energético e vibracional do qual, a maioria das vezes, não somos conscientes.

Damásio também nos esclarece que emoções são processos determinados biologicamente, constituindo-se em "conjuntos complexos de reações químicas e neurais formando um padrão" (2000:74). Todas as emoções exercem um papel regulador no organismo, sendo que a sua finalidade maior "é auxiliar o organismo a conservar a vida" (*Ibid.* 75). O sentimento, para ele, origina-se a partir de uma emoção, cuja duração está associada ao estímulo que lhe deu origem, com o qual concordam Maturana e Bisquerra.

2.2 O fluxo das emoções e a interação entre corpo e mente

Para Maturana (1999), o viver humano ocorre sob determinadas condições ou circunstâncias que estão presentes, geradas por um campo energético e material que caracteriza o nosso entorno, e que faz com que o indivíduo atue sobre as circunstâncias e estas sobre os indivíduos em função do acoplamento estrutural, mediante o qual ambos transformam-se mutuamente. É toda esta dinâmica que gera uma história de ações recorrentes, aonde a estrutura do organismo vai mudando constantemente em função da plasticidade e de sua congruência com o meio.

Até que ponto podemos supor que um belo filme ou uma música suave, uma linda foto ou imagem criam um espaço operacional ou circunstâncias capazes de configurar uma determinada identidade emocional, em função dos pensamentos e das memórias que evocam? Será possível induzir estados de humor a partir de certos tipos de representação visual ou sonora? Filmes, imagens, sons e cores criam no cérebro e no sistema nervoso um campo energético e vibracional que impulsiona ou segrega determinados tipos de fluxos que circulam no organismo vivo, fluxos de energia (fóton) e de substâncias químicas como os neurotransmissores que transportam mensagens de um neurônio a outro, como no caso da adrenalina segregada em situações de perigo. Os neurotransmissores transmitem as sensações de fome, sede, medo, sono, prazer, apetite e depressão, regulando também a temperatura do corpo e a pressão sanguínea.

A serotonina é um neurotransmissor que ajuda o indivíduo a sentir-se melhor. De fato, é possível que seja este neurotransmissor o responsável por esses momentos de abertura e prazer, de consciência criadora, de fácil inspiração, do que vem sendo chamado de "momento branco". O momento branco é essa situação positiva, plena, gratificante, no qual a consciência se intensifica e agudiza até limites extraordinários. Somos capazes de sentir ao mesmo tempo múltiplas sensações, e as ideias fluem com máxima facilidade. O momento branco é um conceito que ainda não foi explorado em suas consequências pedagógicas e didáticas. Poderíamos sintetizar dizendo que "mais vale um momento do que cem rotinas". A serotonina seria o suporte neuroquímico que possibilita a frequência e a persistência desses momentos. Aproveitar esses momentos é garantir aprendizagens.

Damásio (2000) explica que o indutor da emoção provoca o surgimento de representações visuais ao ativar os mecanismos neurais que estão preparados para reagir a uma classe determinada de estímulos. Esses mecanismos indutores da emoção disparam vários sinais ou reações para diferentes partes do corpo. Esclarece que o padrão de ativação gera reações explícitas que mudam tanto o estado do corpo como de outras regiões do cérebro. São essas reações as que induzem aos estados emocionais.

Sob o efeito de determinadas forças provocadas por diferenças de pressão ou de temperatura, ocorrem os deslocamentos de cargas térmicas por meio de fluxos de correntes elétricas e químicas. Essas correntes de energia e de substâncias químicas (neurotransmissores, hormônios e peptídeos, por exemplo) induzem a determinadas reações emocionais que, dependendo da emoção ativada, criam um espaço operacional que estimula ou inibe certos tipos de pensamentos e ações, em função, por exemplo, do humor, dos comportamentos e da saúde em geral do indivíduo. A acetilcolina, um dos primeiros neurotransmissores descoberto em 1924 por Otto Loewi, é responsável em certo modo pelo estado de ânimo otimista, positivo, de bem-estar psicológico. A baixa atividade de serotonina, pelo contrário, leva a estados de ânimo depressivo, à tristeza e ao desânimo. Um exemplo a mais da vinculação entre organismo, emoções e pensamentos.

A interconexão entre pensamento, sentimento e corpo, tão fragmentada pela cultura positivista do século XX em seu afã de objetivar e analisar a realidade, adquiri a partir dos nossos físicos, biólogos e neuroquímicos um impulso decisivo.É Xavier Duran (1999:72), em sua obra "El Cervel poliédric", quem afirma: "Resultaria no fundo estranho que o conhecimento não fora ligado à emoção. Qualquer avanço no conhecimento do mundo tem estado ligado a uma sensação estranha, a uma plenitude, a uma satisfação interna difícil de descrever... seriam, pois, sensações e emoções o que governa o raciocínio".Se levarmos em consideração o pensamento de Albert Einstein, não há dúvida de que estamos no caminho acertado da interação poliédrica de corpo-mente-sentimento, a partir do qual é preciso delinear quaisquer processos tanto de pesquisa como formadores.

Para David Böhm (1991:82), "o pensamento é inseparável da atividade elétrica e química no cérebro e no sistema nervoso, e de concomitantes tensões e movimentos musculares", o que nos leva a perceber que certos tipos de pensamentos e atos podem modificar a composição neuroquímica do cérebro como nos aponta Bisquerra (2000), assim como colaborar para a produção de anticorpos do sistema imunológico, como nos sinaliza a psiconeuroimunologia.

Aplicando essas ideias à educação, podemos concluir que existem emoções que favorecem ou restringem o campo de operações, facilitando ou inibindo o domínio de ação e de reflexão. Por exemplo, a confiança gera um espaço que leva à descontração, à abertura, à soltura e ao relaxamento, criando estados mentais e emocionais correspondentes. O medo, pelo contrário, restringe o campo de ação e de reflexão ao gerar sensações de impotência, desconforto, desconfiança e mal-estar, sensações estas que impedem ou limitam as ações e reflexões. Isto nos leva a perceber mais facilmente que toda ação tem componentes mentais (intenções), emocionais e físicos, ficando então mais fácil compreender o tipo de conversação que traduz o fluir do sentipensar que ocorre nos ambientes de aprendizagem e que facilita ou restringe os processos reflexivos e ações subsequentes.

2.3 O papel do meio e dos meios na construção do conhecimento

O espaço operacional ou o domínio de ação é influenciado pelas circunstâncias que o definem como campo energético e material. Daí, talvez, possamos deduzir que, alterando as circunstâncias, mudando o ambiente, novas frequências ondulatórias e novos fluxos se apresentam e novas estruturas mentais e emocionais emergem a partir de um conjunto de relações e conexões estabelecidas pelos diferentes componentes estruturais.

Convém, entretanto, lembrar que, para Maturana, as circunstâncias atuam sobre o indivíduo, e este atua sobre elas, gerando, assim, uma história de interações recorrentes aonde a estrutura do indivíduo vai mudando continuamente em função de sua plasticidade com o meio. Isto significa que, nesse processo de interação, ocorrem mudanças estruturais internas de acordo com as circunstâncias presentes, ou melhor, de acordo com a relação entre organismo e meio, onde um afeta o outro a partir de encontros estruturais entre os componentes que interagem.

Assim, continuamos vivos porque estamos constantemente interagindo com o meio e mudando de acordo com as emoções, com as circunstâncias, embora saibamos que estas não determinam o que acontece ao ser vivo, pois este depende, a cada instante, do que acontece em sua estrutura (ATLAN, 1992; MATURANA e VARELA, 1995). As circunstâncias que nos envolvem ajudam a catalisar os processos de mudanças, mas não determinam o que ocorre dentro da organização viva. É a coincidência entre ambos que catalisa o tipo de mudança de estado que ocorrerá. O mais importante é a interação dinâmica ou as relações que ocorrem a partir do acoplamento estrutural que acontece entre ambos. Os encontros, as interações, as diferentes conversações desencadeiam mudanças em nossa estrutura biológica, mas o que acontece com o ser vivo depende de sua biologia, seja no plano físico, mental ou espiritual (MATURANA, 1999). Um bom exemplo para se ter uma melhor ideia da interação que ocorre em uma situação de acoplamento estrutural é o sapato novo que necessita ser laciado. Sapato e pé modificam-se mutuamente quando entram em contato um com o outro, aonde um vai exercendo influência sobre a estrutura do outro e ambos vão se ajustando. O mesmo ocorre com a boca e o cachimbo ou a chupeta na boca da criança.

Até que ponto, as circunstâncias criadas pelos filmes, imagens, sons, cores, ambientes virtuais ou ambientes lúdicos promovem interações que favorecem a mudança de estado emocional, gerando campos energéticos e vibratórios que podem estimular a ocorrência de ações e reflexões mais significativas? Como vimos anteriormente, ações e reflexões provocam mudanças de estados mentais e emocionais mediante a transformação de componentes estruturais e de suas relações.

As circunstâncias ou contextos criados, de certa forma, modelam o operar da inteligência e abrem caminhos para novas ações e reflexões. Assim, podemos supor que, mediante o uso de filmes, imagens, músicas, cores e jogos, é possível ampliar ou criar um novo espaço de ação e reflexão fundado nas emoções que circulam, tentando, assim, aumentar as possibilidades de um operar mais inteligente, capaz de gerar ou de provocar emoções positivas que estimulam o aprendiz a querer transformar-se, a vivenciar novos valores, a evoluir e a transcender a um novo nível de consciência superior.

Podemos também criar circunstâncias que potencializem situações de prazer, catalisadoras de sensações de alegria e de experiências gratificantes. Alegria como estado de bem-estar, como dinâmica corporal, como ato vivido no presente, como sentimento ativo que nos brinda a consciência de plenitude e felicidade. Uma existência feliz está constituída por um conjunto de atos de alegria (MIRASHI, 2001), que, por sua vez, configura o "material" que constitui a felicidade, compreendida como sentimento qualitativo de plenitude, satisfação e bem-estar. Atos de alegria que, em seu conjunto, traduzem momentos de felicidade é o que mais falta em nossas escolas.

Desta maneira, podemos utilizar filmes, jogos educativos e imagens como representações do mundo exterior criadoras de climas favoráveis à expressão de diferentes dimensões do ser humano no sentido de catalisar mais facilmente processos reflexivos, formativos e transformadores capazes de produzir mudanças de atitudes, valores e novas pautas sociais. Podemos também utilizar perguntas, questões e desafios, incentivar projetos significativos que estimulem o desenvolvimento de comportamentos, habilidades e atitudes e que incentivem a criatividade e o desenvolvimento da consciência crítica e da autonomia. Acreditamos ainda na força transformadora da linguagem emocional em ambientes lúdicos ou virtuais no sentido de gerar um espaço de ação e de reflexão que facilita, não apenas a construção do conhecimento mas também o desenvolvimento de novas atitudes, comportamentos e habilidades associadas à vivência de valores humanos. Na PUC/SP, duas alunas de mestrado e doutorado elaboraram tese e dissertação neste sentido.

Karl Pribam (1991), em seus estudos sobre o cérebro holográfico, esclarece que o nosso cérebro possui uma capacidade de processamento paralelo, sendo um complexo analisador de ondas de diferentes frequências vindas de dimensões que transcendem o tempo e o espaço. O cérebro seria, para Pribam, um holograma interpretando um universo holográfico, o que, de certa forma, ajuda a explicar o poder da imagem e do som e o porquê. Segundo alguns físicos (ZOHAR, 1999; ZUKAV, 1991), os acontecimentos podem ser afetados por aquilo que imaginamos ou visualizamos.

Em sua teoria, Pribam explica que "o cérebro, num dos estágios de processamento, executa suas análises no domínio de frequências" (1991:35), e isto seria realizado nas junções entre os neurônios e não dentro deles. Esclarece ainda, em sintonia com X. Duran (1999), que os impulsos nervosos são gerados dentro dos neurônios e usados na propagação de sinais que constituem as informações, por meio de extensas fibras nervosas. Para ele, o cérebro funciona como um todo em consequências das interações sinápticas. Desta forma, Pribam nos explica a natureza da percepção, mais ou menos semelhante ao processo de formação de imagens e ao funcionamento das capacidades sensoriais.

O que pretendemos destacar, aproveitando esta construção teórica, é a importância dos elementos constituintes do "clima" e das circunstâncias criadas nos ambientes de aprendizagem, a partir das quais são gerados emoções, sentimentos e pensamentos que circulam em função das ações e reflexões sobre os objetos que estão sendo processados. Todos esses aspectos influenciam a aprendizagem e, como educadores, necessitamos estar mais atentos no sentido de desenvolver métodos e estratégias que utilizem imagens, sons, cores e exercícios respiratórios para promover estados mais harmoniosos, descontraídos e relaxados, bem como estados mais vibrantes, para que os aprendizes, em seus processos de construção de conhecimento, se sintam mais motivados, relaxados, criativos e felizes, capazes de construir algo diferente, inovador, resolver problemas e enfrentar desafios. Temos experimentado em várias ocasiões o efeito motivador e satisfatório que produz ao se iniciar uma aula com alguma peça musical, poema ou texto impactante. O aluno se sente gratificado de encontrar na aula esses estímulos mais próprios de momentos de descontração e de relaxamento. Mas, sabemos que de tudo disto também se aprende, como temos tido ocasião de demonstrar.

Sabemos que a nossa realidade física, o lugar onde a vida acontece não se encontra no vazio. É um campo energético e vibracional de diferentes frequências, moldado pelas relações, intenções, decisões e consciência daqueles que o habitam (ZUKAV, 1991). Assim, também é o ambiente escolar, a nossa casa ou qualquer outro ambiente social e cultural em que vivemos.

Cabe, então, reconhecer que os ambientes educacionais são espaços de ação e reflexão fundados na emoção, nos sentimentos gerados na convivência. São ambientes onde nos transformamos de acordo com o fluir de nosso sentipensar, com o fluir de nossas emoções, de nossos pensamentos e sentimentos, e dos conteúdos conversacionais desenvolvidos nos momentos de ação e reflexão. Daí a importância do diálogo (analógico ou real) que permite a troca de significados entre formador e formando, entre conceitos ou entre realidades.

Todos esses aspectos fundamentam a importância do clima gerado nos ambientes de ensino e aprendizagem, das circunstâncias que são criadas, das emoções e correntes vitais que circulam, que afloram e influencia a qualidade de nossas reflexões e conversações, a qualidade de nossos pensamentos e sentimentos. Enfim, que influem no alcance da plenitude de nossa consciência individual e coletiva.

> "Somente a consciência de nossos sentimentos pode abrir-nos o coração."
> (Zukav: 1991:46).

3. Educar em e para sentipensar

Como operam essas dinâmicas ou fluxos de energia presentes nos ambientes de aprendizagem? Nos processos de ensino e de aprendizagem, como podemos trabalhar, além dos aspectos cognitivos, os afetivos-emocionais para promover o desenvolvimento de novas atitudes, habilidades e novos valores? Como criar ambientes nos quais, como educadores, possamos ser "pastores da alegria?" Como reencantar ou entusiasmar a um professorado desiludido e cansado de lutar inutilmente com administração, alunado e condições ambientais difíceis? Como implicar o alunado muito mais atraído por um mundo extraescolar do que pelo que acontece na sala de aula? São questões que necessitam ser pesquisadas, e alguns dos nossos alunos de doutorado e mestrado já vêm caminhando nesta direção.

Vários estudiosos da teoria biológica de Maturana e Varela, assim como eles mesmos, reconhecem que educar é um fenômeno complexo com implicações biológicas e ambientais que repercutem em todas as dimensões do humano (mente, corpo, espírito) sem as quais se produzem alienação e perda do sentido social e individual no viver. Para Maturana (1999), educar é configurar um espaço de convivência, é criar circunstâncias que permitam o enriquecimento da capacidade de ação e reflexão do ser aprendente. É criar condições de formação do ser humano para que se desenvolva em parceria com outros seres, para que aprenda a viver (conviver) e afrontar o seu próprio destino, cumprindo a finalidade de sua existência.

Educar, do ponto de vista autopoiético, é desenvolver-se na Biologia do amor (MATURANA, 1999), o que significa desenvolver-se na aceitação de si mesmo e do outro em seu legítimo outro. Para Maturana (*Ibid.*), o amor é a emoção fundamental que sustenta as relações sociais, ou seja, a aceitação do outro em seu legítimo outro. É a emoção que amplia a aceitação de si mesmo e do outro e, para ele, somente o amor expande as possibilidades de um operar mais inteligente. Assim o princípio da diversidade assumido pelas reformas educativas avança em direção ao princípio da "alteridade". Respeitar o outro em seu legítimo outro. Neste sentido, a inveja, o medo, a ambição e a competição restringem a conduta inteligente e estreitam a visão e a atenção. Se o ambiente educativo ou familiar é um espaço amoroso, de aceitação e de cooperação, nos revelamos como seres "linguajantes", amorosos e cooperativos, com consciência de si mesmo, com consciência social, no respeito a si mesmo e ao grupo.

Aprender para Maturana implica transformar-se em coerência com o emocionar. Resulta de uma história de interações recorrentes onde dois ou mais sistemas vivos interagem, transformando-se mutuamente. Para esse autor, a tarefa educativa sólida somente pode realizar-se por meio do amor, quando priorizamos a formação do SER, tendo como foco de atenção principal o seu FAZER, já que o SER e o FAZER também estão imbricados. Potencializando o FAZER, estaremos, simultaneamente, potencializando o SER. Convidando-o a refletir sobre sua ação, estaremos fazendo com que ele desenvolva a sua autonomia, sua criatividade e consciência crítica. Corrigindo diretamente o SER, dizendo-lhe que é incapaz de superar-se, que não tem competência ou que não tem qualidades para seguir adiante, estaremos limitando-o, destruindo sua autoestima e restringindo suas potencialidades.

Ao criticar as condutas, os comportamentos e as possibilidades de realização do ser aprendente, estaremos restringindo o seu domínio de ação, o operar de sua inteligência, provocando emoções negativas, destrutivas que abalam a sua autoconfiança e autoestima. Neste sentido, cabem a nós, educadores, criar espaços educacionais, presenciais ou virtuais, propícios à ação e à reflexão, espaços acolhedores, amigáveis, amorosos, criativos e não competitivos, ambientes onde se estimule e valorize o FAZER em contínuo diálogo com o SER que se expande e transcende.

É importante lembrar que, por meio da ação e reflexão, mudamos estruturalmente em nossa corporalidade, segundo o curso de nossas emoções, de nossos pensamentos e sentimentos, dos conteúdos de nossas conversações e reflexões. É desta maneira que o viver (conviver) se estabelece e vai modelando os diferentes domínios de nossa existência. Na realidade, o domínio de nossa existência é sempre o domínio de uma coexistência, de uma coderiva natural nas palavras de Maturana, de existências coletivas, cujas transformações estruturais dependem dos valores, dos desejos e das aspirações de cada um de nós. Desta forma, podemos também afirmar que eu sou o que são os meus relacionamentos, as circunstâncias que me envolvem e os fluxos que me alimentam.

À luz destas teorias integradoras, emerge uma nova proposta educativa orientada em direção à ação e reflexão sem excluir a dimensão emocional. Sob esta visão epistemológica, adquire pleno sentido os conceitos de sentipensar e sentipensamento descritos por S. de la Torre (2000). É a integração entre o sentir e o pensar o que permitirá ao docente educar restabelecendo a integridade humana, no sentido de colaborar para a construção do ser humano como sede

da inteireza, onde pensamento, ação e emoção estejam em diálogo permanente. Educar para o sentipensar é formar no caminho do amor, do compromisso com a tarefa e o entusiasmo pela ação iniciada. Basta observar como uma criança atua quando lhe facilitamos um computador ou quando se encontra em uma situação de jogo para que possamos entender perfeitamente o alcance do conceito que estamos descrevendo. A ação desenvolvida traduz o encontro do pensamento e da emoção. Sentipensar é o processo antecedente e subsequente à ação. Basta observar uma criança, adolescente ou adulto absorvido em sua tarefa, ou comprovar como alguns criadores ficam embevecidos e entusiasmados por sua obra e esquecem até de suas necessidades básicas. Assim, pensamento e emoção se fundem para o alcance de meta, como brasas na chama ou como amantes fazendo o amor.
Educar no sentipensar é educar em valores sociais, em convicções, em atitudes críticas e construtivas e em espírito criativo. É educar o outro na justiça e na solidariedade. É formar na ética e na integridade. É educar não somente para o desenvolvimento da inteligência e da personalidade, mas, sobretudo, para a "escuta dos sentimentos" e "abertura do coração". É educar para a evolução da consciência e do espírito, para que o ser humano atinja um estado de plenitude, onde já não será mais preciso reprimir ou negar a experiência da comunhão, a experiência do coração e a experiência do sagrado, reprimidas, durante séculos, em nome de algo que se chama ciência.

Acreditamos que educar para o sentipensar é reconhecer a multidimensionalidade do ser humano, o que ajudará a refazer a aliança entre o racional e o intuitivo, o contemplativo e o empírico, a integração hemisférica, favorecendo, assim, a evolução do pensamento, da consciência e do espírito. Não foi em vão que Goleman, Kaufman e Ray (2000) se referem à criatividade de maneira muito acertada em termos de "espírito criativo".

Por meio de estratégias de sentipensar se produzirá a prática da integração e da integridade, da escuta inclusiva e da ênfase no cuidar do SER, a partir de um FAZER mais coerente com o pensamento e o sentimento. Alinhando pensamentos, emoções, sentimentos e ações com algo mais elevado de nós mesmos, então a vida se tornará mais rica, plena, cheia de significado e sentido. É por meio do educar para sentipensar que estaremos desenvolvendo as competências necessárias e a formação em torno de uma antropologia holística, cada dia mais urgente e necessária.

Educar para a formação do ser integral é ajudar o indivíduo a encontrar o seu centro, a descobrir a virtude que, segundo Buda, está no centro (CREMA, 1997). Educar para a plenitude humana é a forma de nós, educadores, fazermos justiça ao TODO que somos nós. Significa chamar a atenção sobre os processos de fragmentação que, durante séculos, prevaleceram em nossas escolas. É conspirar a favor da plenitude humana para que possamos ser felizes em nossa humanidade, cumprindo a finalidade de nossa existência. E, assim, estaremos reencantando a educação com novas teorias, linguagens, estratégias pedagógicas e metodologias que levem em consideração a multidimensionalidade do ser aprendente, a inscrição corporal dos processos cognitivos, reconhecendo que onde não se propiciam processos vitais tampouco se favorecem processos de conhecimento.

Conclusão

São múltiplas as considerações educacionais derivadas desta concepção complexa e psicossocial, na qual o sentipensar é uma de suas expressões mais relevantes.

- Em primeiro lugar, sublinhamos a importância da interação e o caráter dinâmico das relações que se estabelecem entre os diferentes componentes e membros do processo educacional. A interação ou permanente ajuste e adaptação entre estímulos e pessoas está na base das mudanças.

- A mudança é, sem dúvida, o conceito motriz e matriz desta concepção. A formação se explica em termos de mudança e não se concebe aprendizagem se não é para detectar-se algum tipo de mudança.

- Em terceiro lugar, o caráter global e integrador que não se opõe à diversidade e à multiculturalidade. O macro e o micro fazem parte do mesmo processo psicossocial.

- Em quarto lugar, a complexidade dos processos que nos levam à indeterminação pelo fato de não existirem relações lineares de causa e efeito, mas múltiplas causas interagindo para produzirem efeitos que se convertem em novas causas. O conceito de predição, tão habitual nas ciências naturais, somente tem caráter estratégico e intuitivo.

➡ Um currículo baseado em habilidades, competências ou em resolução de problemas em lugar de conteúdos culturais é algo que já está no discurso habitual, mas não na prática docente. O aprender a aprender é, ao menos neste momento, mais um desejo do que uma realidade.

No que se refere à vertente metodológica, destacamos:

➡ A utilização de procedimentos indutivos e aprendizagens inferentes, isto é, partir do concreto, vivencial, particular, para elevar-se progressivamente em direção ao conceitual e teórico.

➡ O impacto é uma estratégia que induz eficazmente o sentipensar, pois, graças ao efeito surpresa, provoca-se na pessoa uma reação emotivo-cognitiva persistente que facilita a reflexão e a mudança. Recordamos situações impactantes mais facilmente que as rotineiras.

➡ A importância dos ambientes, climas, situações e contextos nos quais acontece a formação é também consequência dessa visão mais holística.

➡ O momento recobra uma significação especial a partir do encontro emocional entre significante e significado. Os momentos não são previsíveis. O mesmo ocorre com o acaso, mas, quando eles acontecem, têm de ser aproveitados. São situações caracterizadas pelo imprevisto, pelo fluir e pela intensa consciência de processos codeterminados existentes entre os estímulos e os indivíduos que os recebem e adquirem relevância especial. Os momentos brancos são esses instantes de ânimo alto, de fluxo, nos quais tudo parece contribuir com nossos objetivos. Neste momento branco ou de fluxo, afirma Mihaly Csikszentmihalyi, sente-se que tudo está harmonioso, unificado e fácil. É o momento ideal para se fazer coisas. É por isso que o docente deve perceber e aproveitar esses momentos, pois são os mais valiosos para se obterem as aprendizagens desejadas.

Vale a pena lembrar um texto de W. Goethe apresentado por Maria Cândida Moraes na introdução de sua obra "O Paradigma Educacional Emergente" (2001), que ratifica alguns dos pensamentos aqui expostos. É um texto premonitório de uma dimensão cósmica do ser humano e que insinua que a nossa mente está conectada por outras formas de inteligência.

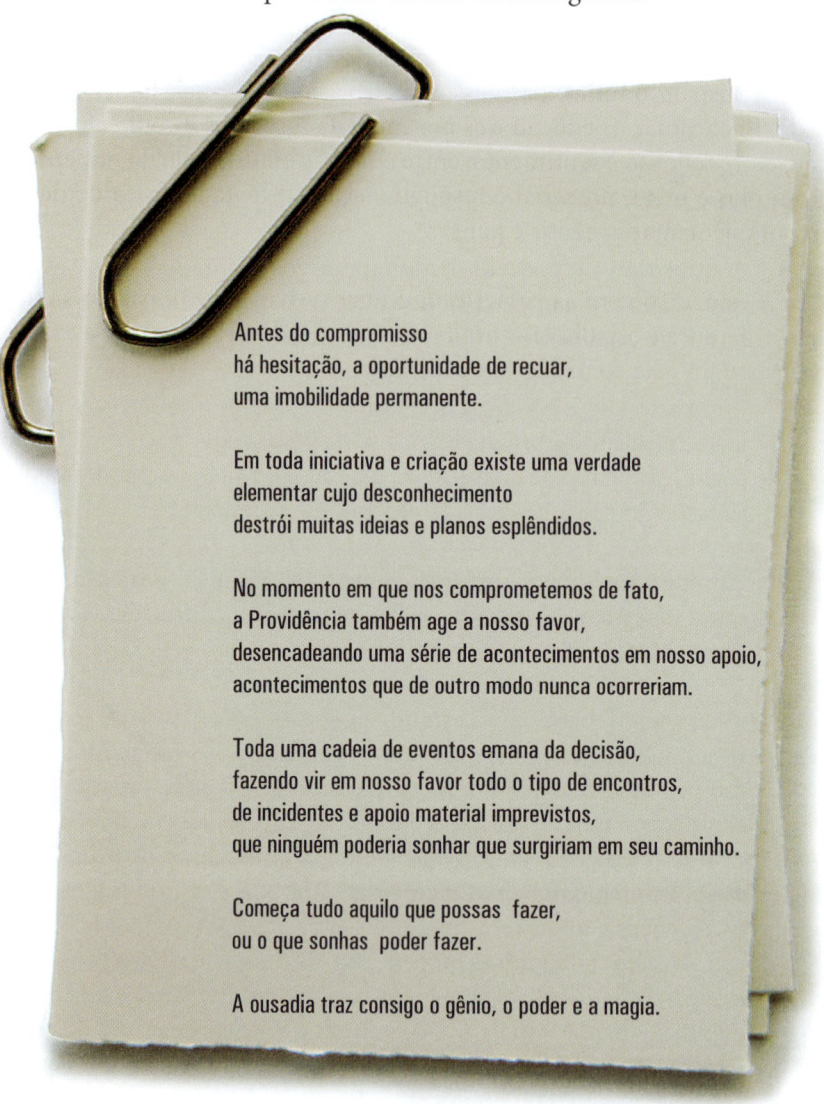

> Antes do compromisso
> há hesitação, a oportunidade de recuar,
> uma imobilidade permanente.
>
> Em toda iniciativa e criação existe uma verdade
> elementar cujo desconhecimento
> destrói muitas ideias e planos esplêndidos.
>
> No momento em que nos comprometemos de fato,
> a Providência também age a nosso favor,
> desencadeando uma série de acontecimentos em nosso apoio,
> acontecimentos que de outro modo nunca ocorreriam.
>
> Toda uma cadeia de eventos emana da decisão,
> fazendo vir em nosso favor todo o tipo de encontros,
> de incidentes e apoio material imprevistos,
> que ninguém poderia sonhar que surgiriam em seu caminho.
>
> Começa tudo aquilo que possas fazer,
> ou o que sonhas poder fazer.
>
> A ousadia traz consigo o gênio, o poder e a magia.

Palavras de sabedoria, de intuição e prospectiva. Foi preciso que se passassem vários séculos para que estas ideias voltassem a ter significado pleno. Palavras carregadas de valor, de compromisso, de iniciativa, de decisão, de integração e cumplicidade sobre-humana. Palavras cheias de visão, que nos proporcionam um alento para repensar a educação a partir de um paradigma mais integrador, capaz de reencantar os docentes nessa tarefa que os faz tão especiais. É preciso resgatar os sonhos, o encantamento, as emoções de uma profissão que ajuda a construir o futuro das pessoas e da sociedade. Esta é a mensagem deste texto. Reencantar os educadores por meio da fusão entre conhecimento e emoção, entre reflexão e sentimento, entre educar e entusiasmar. Sentipensar é isto: caminho e meta, processo e resultado, ação sustentada, fruto de duas energias complementares: sentir e pensar.

Encerramos este texto com as palavras de Rubem Alves (1996), palavras que infundem esperança e orgulho por uma profissão que deveria encantar a todos aqueles que atuam nela com alegria e satisfação.

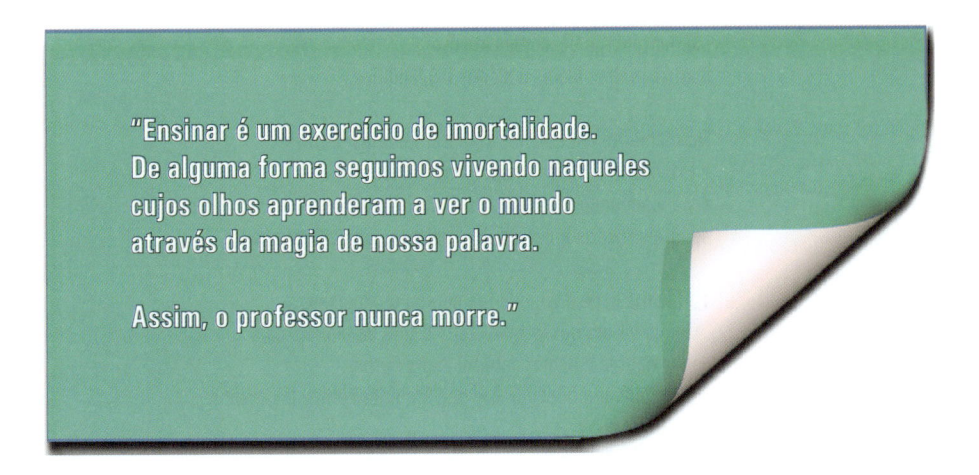

> "Ensinar é um exercício de imortalidade.
> De alguma forma seguimos vivendo naqueles
> cujos olhos aprenderam a ver o mundo
> através da magia de nossa palavra.
>
> Assim, o professor nunca morre."

REFERÊNCIAS

ALVES, Rubens. **La alegria de enseñar**. Barcelona: Octaedro, 1996.

ATLAN, Henry. **Entre o cristal e a fumaça**: Ensaio sobre a organização do ser vivo. Rio de Janeiro: Zahar, 1992.

BISQUERRA, Rafael. **Educación emocional y bien estar**. Barcelona: Editorial Práxis, 2000.

BOHM, David. **Sobre el dialogo**. Barcelona: Kairós, 1991.

BRIGGS, David; PEAT, David. **Las siete leyes del caos**. Barcelona: Grijalbo, 1999.

CSIKSZENTMIHALY, Mihaly. Fluir: **Una psicologia de la felicidad**. Barcelona: Editorial Kairós, 1999.

CSIKSZENTMIHALYI, Mihaly. **A descoberta do fluxo**: A psicologia do envolvimento com a vida cotidiana. Rio de Janeiro: Rocco, 1999.

CREMA, Roberto. **Construir o templo da Inteireza**, *in* O espírito na saúde; Jean-Yves Leloup *et al*. Organização Lise Mary Alves de Lima. Petrópolis/RJ.:Vozes, 1997.

DAMÁSIO, Antonio. **O mistério da consciência**. São Paulo: Companhia das Letras, 2000.

DURAN, Xavier. **El cervel poliedric**. Barcelona: Estudi General, 3ª ed, 1999.

MATURANA, Humberto. **Emociones y Lenguaje en educación y política**. Santiago: Dolmen ediciones, 1995.

MATURANA, Humberto; VARELA, Francisco. **A árvore do conhecimento**. Campinas/SP.: Editorial Psy, 1995.

MATURANA, Humberto; BLOCK, Susana. **Biologia del emocionar y Alba Emoting**: bailando juntos. Santiago: Dolmen Ensayo,1996.

MATURANA, Humberto. **La objetividad**: Un argumento para obligar. Santiago: Dolmen Ediciones, 1997.

MATURANA, Humberto; NISIS, S. **Formación humana y capacitación**. Santiago: Dolmen Ediciones. 1997.

MATURANA, Humberto; VARELA, Francisco. **De máquinas e seres vivos**. Porto Alegre: Artes Médicas, 1997.

MATURANA, Humberto. **Da biologia à psicologia**. Porto Alegre: Artes Médicas, 1998.

MATURANA, Humberto. **A ontologia da realidade**. Belo Horizonte: Editora da UFMG, 1999.

MATURANA, Humberto. **Transformacíon en la convivencia**. Santiago: Dolmen Ediciones, 1999.

MIRASHI, Robert. **A felicidade**: ensaio sobre a alegria. Rio de Janeiro: Difel, 2001.

MORAES, Maria Cândida. **O paradigma educacional emergente**. Campinas/Sp: Papirus. 9ª ed, 2001.

MORAES, Maria Cândida. **O pensamento eco-sistêmico**: educação, aprendizagem e cidadania no século XXI. Petrópolis/RJ: Vozes, 2004 (no prelo).

PRIBAM, Karl. **Qual a confusão que está por toda a parte**. *In:* Ken Wilber (org.). **O paradigma holográfico e outros paradoxos**: uma investigação nas fronteiras da ciência. São Paulo: Cultrix, 1991.

SHELDRAKE, Robert. **La nueva ciencia de la vida**. Barcelona: Kairós, 1990.

TORRE, Saturnino de la. **Enfoque de interacción sociocultural**: um modelo de formación integral en la ensenanza. Universidade de Barcelona. Mimeo, 1998.

TORRE, Saturnino de la. **Sentipensar**: estratégias para un aprendizaje creativo. Mimeo, 2001

TORRE, Saturnino de la. **Estratégias creativas para la educación emocional**. *In:* Revista española de pedagogia, ano LVIII, p. 543-572, sept/dez. Madri: Instituto Europeo de Iniciativas Educativas, 2000.

ZOHAR, Danah. **A sociedade quântica**. São Paulo: Editora Best Seller, 2000.

ZUKAV, Gary. **A morada da alma**. São Paulo: Cultrix, 1991.

III - APRENDIZAGEM INTEGRADA:
uma aprendizagem para a vida

Saturnino de la Torre

1. Cenário para Sentipensar. O festival dos sentidos

Quando o olhar descobriu aquele cesto de frutas, ficou preso por sua forma arredondada, por sua firmeza, por seu colorido brilhante, por seus reflexos. Se tivesse comido com os olhos, se a consciência não o tivesse advertido que o que estava vendo não era comestível, mas a estampa de um lindo conjunto. Então o olhar se estendeu ao redor e ficou fascinado ao ver como os frutos se moviam no compasso de ritmos que não conseguia compreender. A consciência avisou a imaginação para que fosse ver aquela insólita cena de frutas em movimento.

A imaginação aproveitou, então, para criar uma situação na qual todos os sentidos pudessem se encontrar e desfrutar alegremente daquele festival de cores, formas, melodias, imagens, sabores, sensualidade de corpos em movimento. A expressão do rosto ia em direção àquela visão panorâmica a qual refletia com um amplo sorriso o prazer que lhes inspirava tudo isto. Pela primeira vez, visão, ouvido, tato, movimento, olfato, gosto, assistiam juntos a um festival tão especial, convidados pela consciência. Embora vivessem muito próximos uns dos outros e se encontrassem com certa frequência, cada um cumpria a sua tarefa e raramente trocavam algo mais que um olá e adeus.

O ouvido vibrava ao compasso dos ritmos mais próximos e transmitia ao resto do corpo essa sensação prazerosa, de tal modo que as pernas, os braços e o tronco todo sentiram a necessidade de se moverem e arrastarem com eles outros corpos mais próximos.

Era algo incontrolável que contagiava a todos que se aproximassem e que ficavam presos como em um rodamoinho que se movia na horizontal, ao longo da rua.

A vista piscava de alegria e prazer ao ver que aquelas frutas penduradas pelas cabeças não eram senão uma minúscula parte daquele quadro em movimento no qual se misturavam mil cores daquelas plumas de ave, de animais exóticos, de vestidos raros. Tinha a sensação de que estava diante de um mar de cores que ondeavam ao ritmo de uma música sensual. Diante da sintonia entre o ouvido e vista, o tato aproveitou para aproximar as suas mãos a esses corpos vestidos de roupas exóticas, nos quais a pele e o tecido se misturavam por igual. O tato desfrutava menos que a vista ao ver girar esses corpos tão flexíveis que bem poderiam ter sido criados em um bambuzal. O tato percebeu, pela primeira vez, que o movimento produzia um efeito inebriante e que pouco tinha a ver com o contato quieto dos objetos ou, inclusive, com o calor humano. O tato em movimento era como o cavalgar as ondas de som, como o roçar enamorado de uma carícia, como o beijo roubado a uma princesa que escapa antes que a descubram.

A imaginação perguntou: — Como vão amigos? Como estão passando?

— Maravilhosamente, respondeu o olhar.

— Esplêndido, comentou o ouvido.

— Fascinante, replicou o tato.

— Veja o que se consegue quando se compartilha emoções. — E a ideia, alertou o pensamento que observava aquela cena um tanto deslocado, tendo em vista que nas classes que havia assistido nunca lhe haviam ensinado tais coisas.

— Pois, vou apresentá-los a alguém mais, disse a imaginação. — Creio que já o conhecem de nome, mas talvez não se recordem. Melhor, deixarei que vocês mesmos o descubra!

Apenas a imaginação terminou de falar quando a consciência apareceu em forma de aroma. Olhos avistarão rosas, muitas rosas e flores de diferentes cores e espécies. Então o olfato percebeu o aparecimento de um agradável aroma que percorria todo corpo até fecundá-lo com um novo desejo. Olfato aspirou profundamente, e embriagado de uma nova sensação erótica, o cérebro começou a produzir quantidades enormes de neurotransmissores da felicidade (dopamina, noradrenalina, endorfinas, acetilcolina, oxitocina), o coração acelerou as suas batidas, e o corpo entrou em uma espécie de movimento frenético que arrastava consigo outros corpos com os quais se fundiam em um intenso abraço, ao mesmo tempo, que o tato se movimentava de maneira descontrolada. Vista, ouvido, tato, movimento, olfato pareciam identificar-se, colaborando com o mesmo afã, desfrutando daquele momento incrível, excepcional.

A consciência educativa alertou a imaginação: Cuida de suas imagens que isto está ficando meio quente e.... se perde o controle. Quem a ouve pensará que está descrevendo...

Ante o qual, a imaginação se conteve. Por isso, distraíram, em um momento, os sentidos imersos naquele prazer ancestral, tão próprio dos antigos rituais.

— Olhe, olhe o que estão dando naquela esquina! Gritou.

O ouvido foi o primeiro a captar a mensagem e, quase ao mesmo tempo, olhou na direção indicada, e o movimento foi desacelerando sua marcha, enquanto o olfato desconectava pouco a pouco desse aroma que o havia transtornado. As pessoas se apinhavam ao redor de um estranho objeto transparente em forma de galo sem pé de onde fluía um jato de líquido que encaixava justo na boca. "Isto se chama pipa e proporciona um elixir muito saboroso", disse a consciência das palavras. Em um abrir e fechar de olhos, o gosto, que até este momento nem havia se inteirado do que se passava no exterior, despertou de sua letargia e começou a produzir sucos e a dar sinais de sede e **desejos de algo**. A consciência se deu conta do poder que existe nas palavras e nos gestos.

Nesta mesma direção, foram se encaminhando todos com a expectativa de ver o que seria aquilo tão desejado. Depois de uma prudente espera, tocou-se finalmente o nosso protagonista, não sem antes observar com que prazer se expressava aqueles depois de levantar a pipa tão alto como lhes permitia o braço, tentando encaixar o arqueado jato de líquido justo na boca. Que divertido era quando não atinavam! Quanto mais largo era o braço, maior o jato. A imaginação aproveitou esse momento para imaginar uma competição de estranhos jatos, ver quem chegava mais perto. Que lindo espetáculo quando o sol irradia os seus raios sobre o jato. A vista ficava fascinada diante desse estranho arco-íris florescente em miniatura.

O gosto desmaiava na fila e pedia à imaginação que não se enrolasse com imagens tão ativas que despertavam mais ainda a sua vontade.

Eidéticas, chamam-se **eidéticas**, disse a imaginação. São imagens ativas, vívidas, cheias de detalhes, de colorido, forma, produzidas por impacto emocional ou cognitivo que duram muito tempo. Para o professor Saturnino, são as imagens da criatividade.

— Que é isso? — disseram os demais sentidos.

— É surpreendente que não conheçam o que são essas imagens **eidéticas**. São utilizadas com muita frequência pelas crianças e os criativos. São imagens poderosas que podem ficar intactas durante dezenas de anos na memória e logo se utilizam para criar ou simplesmente recriá-las. Por exemplo, quando o gosto se lembra daquela comida tão especial que lhe preparava sua mamãe, o ouvido reviva aquela música que escutava com o seu papai e a continua cantarolando depois de muitos anos, ou a vista descreve com todos os detalhes aquelas imagens que tanto chamavam a sua atenção, ou o pensamento recorda aquela cena quando foi surpreendido fazendo algo errado, ou registre isto quando está vendo o que aqui acontece como algo impactante.

— E as minhas imagens? Como são as minhas imagens eidéticas? — perguntou o tato.

— Pense naquela vez em que você se queimou com água quente ou quando tocou a neve pela primeira vez, ou quando lhe deram o primeiro beijo. Você se lembra com detalhes? Pois isso é.

> Finalmente foi possível ao gosto saborear e desfrutar daqueles apetitosos doces e refrescar-se com um delicioso suco de uva. Apesar de lhe ser familiar, entretanto, o desfrutou com um desejo especial. Os outros sentidos ficaram quietos, ensimesmados, esperando que o gosto terminasse sua comida e bebida. Seu comentário foi curto, porém explícito.
>
> — Delicioso, está delicioso. Isto desperta o apetite e reanima os sentidos.
>
> Consciência comentou então que havia convocado os sentidos para que percebessem de que modo todos eles contribuem para sentir e desfrutar de algo, a aprender e construir conhecimento, cada um a partir de sua diferença. Como a adversidade e o agrupamento cobram sentido na intencionalidade, na unidade do sistema, na aprendizagem integrada.

O que os sentidos haviam vivido é fruto do encontro de três consciências no Carnaval de Sitges, de Tenerife e da Bahia. Três lugares distintos, três experiências, três contextos unidos por uma mesma celebração comunitária criativa. O carnaval é a festa da criatividade e dos sentidos. Sua história vem desde a época das danças rituais, na qual a mente, o espírito e o corpo se encontravam por meio dos sentidos. Somos cidadãos de nossa terra, de nossa pátria, do mundo inteiro. Somos seres terráqueos, e isto é o que nos faz sermos nós mesmos. Individualidade e coletividade não são opostas como tampouco globalidade e diversidade, mas, sim, complementares.

Se o faz pensar e sentir algo novo, valeu a pena tê-la resgatado e escrito para você... colorin, colorado... aplaude se você gostou.

Ativando o sentipensamento

- Como você se sentiu ao ler ou escutar esse relato imaginário?
- O que o fez pensar e sentir este curioso relato?
- O que mais o impactou?
- Quais foram os conceitos teóricos que lhe chamaram mais a atenção?
- O que lhe sugeriu em nível pessoal ou profissional?
- Que utilidade ou sentido você vê em um relato deste tipo?

- Sente-se capaz de utilizar em seu trabalho estratégias como esta?
- Formule algumas perguntas sobre o relato.
- Imagine uma analogia entre os elementos constituintes da água (oxigênio e hidrogênio) e o sentipensar.

2. Os pressupostos interdisciplinares de uma aprendizagem integrada e para a vida.

O sistema de ensino, desde a educação primária até à universidade, vem se diferenciando cada vez mais, mas tendo como critério um processo de fragmentação crescente. A busca da especialização, que sem dúvida tem sua razão de ser no nível profissional, tem condicionado fortemente o sentido formativo da cultura. A educação fundamental e a formação posterior têm sua razão de ser à medida que busquem um desenvolvimento pessoal equilibrado, isto é, em termos de conhecimentos, atitudes, hábitos, crenças e habilidades tantos pessoais como sociais. O desenvolvimento emocional e a própria imagem podem ser mais importante que o êxito acadêmico. A vida nos mostra que as coisas não estão separadas, que, nas decisões, encontramos razões e motivos. De fato, quando um diretor ou um professor tem de enfrentar uma situação problemática com pais de alunos ou com companheiros de trabalho raramente recorre aos conhecimentos recebidos em sua formação, mas lança mão de suas convicções, de suas experiências, de suas crenças, que vêm sendo enriquecidas ao longo do processo com leituras e abordagens teóricas. Em resumo, é a aprendizagem integrada que lhe serve de base na tomada de decisão em sua vida cotidiana e profissional.

O que chamamos aprendizagem integrada? Isto é o que estamos tentando explorar neste tópico. Mas, talvez fique mais claro abordá-la a partir de alguns exemplos, assumindo a parcialidade e limitação que isto comporta. Não pretendemos explicar, mas sim ilustrar. O relato com que abrimos este capítulo é um exemplo de aprendizagem integrada, onde ocorre a colaboração de todos os sentidos, com mensagens que provêm da Psicologia, da Sociologia, da Pedagogia e inclusive da Neurociência. Embora revestido em forma de relato, entretanto existem, de imediato, múltiplos conselhos e sugestões à formação e à vida. É precisamente este recurso, o do relato imaginário, o que facilita que cada sujeito se aproprie daquelas mensagens que lhe são mais evidentes e próximas. Trata-se de recursos com múltiplos estímulos, recursos abertos, imaginativos, sugestivos, criativos que ativam diferentes zonas do cérebro.

Vejamos outro exemplo. Se me permite um certo atrevimento, vejo o cinema como uma analogia desta integração que falo. Nele, linguagens, códigos, ambientes, contextos socioculturais, planos, personagens... e relato para transmitir uma história, uma mensagem. Unidade na diversidade. Embora o corpo se estruture em sistemas, órgãos, funções, membros..., tudo isto funciona como unidade quando atuamos, falamos, pensamos ou sentimos. Os sistemas musculares, ósseos, sanguíneos, nervoso e pensamentos, funcionam de maneira íntegra quando escrevo, falo ou caminho. Pois bem, em um filme, coincidem muito de esses saberes que, apesar de manterem as suas próprias identidades lógicas, psicológicas, epistemológica, estão inter-relacionadas desde um ponto de vista sociocultural. A instrução geralmente fragmentada em disciplinas, núcleos, temas e conteúdos curriculares adquire no relato cinematográfico um significado relevante (integra o acadêmico e o cotidiano). Conectam-se conhecimentos históricos, geográficos, políticos, psicológicos, sociológicos, biográficos... e promovem mudanças não somente cognitivas mas também atitudinais, de crenças e valores.

A película tem efeito integrador, não deixa de ser um relato, portanto as mensagens chegam por meio de diferentes linguagens, como a palavra, a música, o movimento, o relato e certamente a imagem. Isto quer dizer que o cérebro utiliza muito mais zonas, ativa muito mais neurônio para captarem os significados que provêm de cada uma das linguagens. Isto significa que coloca em jogo não somente processos lógico-dedutivos vinculados ao hemisfério esquerdo mas também ativa o hemisfério direito por meio da música, do espaço, da imaginação, das emoções... É por isto que o relato fílmico tem um efeito de desenvolvimento cerebral cognitivo-emocional muito superior a de qualquer outro sistema de informação. O filme estimula todo o cérebro, e um bom filme que faz pensar, que comporta valores e que cria dilemas tem um potencial formativo muito superior a outros sistemas de informação se o utilizamos como estratégia didática interativa, pelo que transmite, pelo que sugere e pelo que faz sentir e pensar. Daí a razão pela qual o considero um excelente recurso para **sentipensar**.

A aprendizagem integrada poderia ser descrita como **o processo mediante o qual vamos construindo novos significados das coisas e do mundo ao nosso** redor, ao mesmo tempo que melhoramos estruturas e habilidades cognitivas, desenvolvemos novas competências, modificamos nossas atitudes e valores, projetando tais mudanças na vida, nas relações sociais e laborais. E isto baseado em estímulos multissensoriais ou processos intuitivos que nos impactam e nos fazem pensar, sentir e atuar. A aprendizagem integrada pode dar-se como consequência de uma experiência dentro e fora do âmbito acadêmico. Entretanto, não é fácil, na atual estrutura curricular tão fragmentada, chegar a este tipo de aprendizagem na qual a própria reflexão dê sentido às informações que recebe nas diferentes disciplinas. Somente em propostas didáticas mais complexas, abertas, interativas e adaptativas, pode o aluno encontrar significado relevante e transformador.

Compreendido deste modo, as estratégias que favorecem tal aprendizagem integrada são aquelas que estimulam os diferentes sentidos, a imaginação, a intuição, a colaboração, o impacto emocional, a aplicabilidade. Estratégias como o cinema formativo, a música comentada, os ambientes virtuais de aprendizagem, os espetáculos artísticos, as dramatizações, os projetos integradores, os diálogos e debates, as experiências compartilhadas, as excursões, o aproveitamento de situações ocasionais da vida, a aprendizagem com matérias variadas, as estratégias multissensoriais são variações metodológicas de grande eficácia. Cada professor pode imaginar, a partir destes exemplos, de que modo pode facilitar esse tipo de aprendizagem que é mais profunda e duradoura no tempo.

O que fundamenta tal proposta? Esta forma de entender os processos de ensino e aprendizagem presentes em muitas das antigas civilizações tem sua justificativa em bases epistemológicas, psicológicas, socioafetivas e da própria Neurociência. Vejamos uma amostra destes argumentos e explicações.

> *Imagine um diálogo com o mar, com a montanha, com um lago ou com aquela realidade que seja impactante para você. Ela lhe permitirá desdobrar o seu interior diante da adversidade em que vive e a maneira de enfrentá-la. Você é a realidade problematizadora, a adversidade vivida; o mar é o seu interlocutor que, desde sua experiência milenar, desde sua analogia com a vida, convida-o a refletir, a levar em consideração aspectos nos quais não havia pensado. Pode fantasiar, imaginar e criar um diálogo analógico que descreva uma problemática.*

Justificativa epistemológica. O paradigma ecossistêmico, descrito no primeiro capítulo, assim como sua projeção no processo de **sentipensar**, descrito no segundo, são o melhor marco teórico e justificativo da aprendizagem integrada. Mais ainda, é a consequência lógica de uma visão integradora do ser humano na sociedade e esta no meio natural, estando este, por sua vez, inserido em uma visão cósmica. Tudo quanto existe está interconectado, vinculado em uma ordem superior. A fragmentação e diversificação a que estamos acostumados na academia não têm muito sentido. Não é metodológico nem procedimental tampouco o predomínio do verbalismo. A aprendizagem integrada é uma exigência pedagógica desta concepção, de modo que, apoiada em um paradigma da complexidade, a aprendizagem e a formação têm de ser pensada com igual visão não linear, interativa, colaborativa, construtiva e recursiva.

A partir dos avanços da ciência, afirmávamos no capítulo anterior, já é possível perceber com maior clareza que alguns dos fundamentos presentes no pensamento complexo, biológico e sistêmico influenciam não somente a visão que temos do universo e de como ele funciona mas também como se constrói o conhecimento e como os indivíduos, sendo sistemas vivos, operam mental e emocionalmente, vivem (convivem) socialmente.

Isto porque não somos somente seres físicos ou intelectuais, mas somos simultaneamente físicos, biológicos, sociais, culturais, psíquicos e espirituais. E todas estas dimensões se influenciam mutuamente. Resulta, portanto, natural que a aprendizagem seja fruto desta confluência e que dela participe não somente o ouvido mas também todos os sentidos e diferentes formas de pensamento e imaginação. Quando isto acontece, a aprendizagem é relevante, significativa e integradora, ou seja, um paradigma da complexidade demanda uma aprendizagem complexa e relacional.

Figura 7:
Somos, simultaneamente, seres formados por dimensões que se influenciam mutualmente.

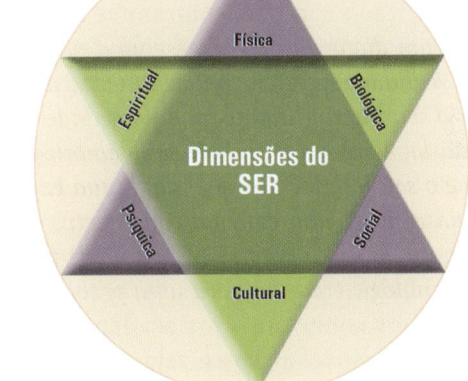

Fonte: Própria

Uma aprendizagem integral e integradora parte do pressuposto de que existe uma cooperação global de todo o organismo para que tal aprendizagem aconteça. Fundamenta-se em Varela e colaboradores (1997) que explicam a existência desta cooperação global também no domínio cognitivo. Para Moraes (2003), apoiando-se neste autor, esta cooperação global emerge espontaneamente quando todos os neurotransmissores participantes do processo alcançam um padrão mutuamente satisfatório a partir do qual acontece tal cooperação.

A aprendizagem integral implica, portanto, a globalidade do ser e, segundo Moraes (2003), acontece a partir de uma causalidade circular que se manifesta em forma de espiral evolutiva que favorece de maneira integrada a evolução do pensamento, da consciência, da inteligência e do espírito.

Pelo fato de ser integrada, requer processos de auto-organização internos pelos quais integramos as sensações, as intuições, as emoções e os pensamentos, com as circunstâncias criadas possibilitam a emergência. (MORAES, 2003)

Isto nos leva a compreender que a aprendizagem integrada surge a partir do funcionamento de mecanismos em rede envolvendo as diferentes dimensões presentes na corporeidade humana. Para Moraes, esta compreensão apoiada em Varela é importante porque enlaça a aprendizagem e o conhecimento em nossa corporeidade. A aprendizagem não se restringe somente ao cérebro, mas implica a totalidade do corpo humano. Assim, na aprendizagem integrada, os processos sensoriais e motores se auto-organizam na corporeidade humana.

Para Varela (1996, 23), os objetos não são vistos a partir de extrações visuais de suas características, mas por meio da regulação visual da ação. Assim, para este autor, a percepção e a ação encontram-se imbricadas nos processos sensório-motores que se autorregulam. Desse modo, as estruturas cognitivas emergem a partir de esquemas recorrentes de atividades sensoriais e motoras.

Justificativa psicológica. Desde os estudos psicológicos que se reconhece a integração sensorial de modo que, quando uma informação é levada por diferentes sentidos, desperta maior impacto, interesse e permanência. Uma aprendizagem é tanto mais sólida quando mais se conecta afetivamente com necessidades e expectativas. A aprendizagem integrada não somente se remete aos conhecimentos acadêmicos mas também se vincula com as necessidades vitais, afetivas, relacionais e profissionais. É por isso que a aprendizagem baseada no interesse e na expectativa resulta muito mais efetiva que a aprendizagem imposta desde fora.

As sensações constituem a fonte principal de conhecimento a respeito do mundo exterior ao nosso corpo. São nossos canais informativos. Unem o ser humano com o seu mundo exterior. A consciência se nutre deles, ao mesmo tempo, em que eles acrescentam algo mais à consciência. O sono é um caso típico de quietude perceptiva e diminuição da atividade mental.

Cada órgão foi se especializando na captação de tipos de ondas de diferentes frequências. Assim, as ondas mecânicas são percebidas pelo tato, as vibrações acústicas pelo ouvido, as ondas elétricas e térmicas pela pele, as ondas luminosas e coloridas pela vista. Mas esta percepção ficaria bloqueada sem a consciência de que é a que dá significado e sentido a tais impulsos energéticos. Não obstante, convém anotar que, além destas sensações exteroceptivas, existem as interoceptivas e as proprioceptivas. Assim, temos as sensações de bem-estar ou de mal-estar, de equilíbrio, de fome, sede, desejo, sinestesia ou funcionamento conjunto de vários órgãos.

Os sentidos são mediadores, portadores de imagens ou vibrações que o cérebro se encarrega de interpretar a partir das aprendizagens primárias, experimentadas ou adquiridas. São as percepções. O homem, disse Luria, não vive em um modo de vibrações e manchas, mas em um mundo de coisas, de objetos e formas, em um mundo de situações complexas. Quando percebe as coisas que o rodeia, as pessoas com as quais se relaciona ou os livros que lê não se tratam de sensações soltas, mas de imagens integradas. Essas imagens têm como suporte o funcionamento mancomunado dos órgãos dos sentidos e a síntese das sensações soltas em complexos sistemas. Somente como resultado dessa associação, transformamos as sensações isoladas em percepções integradas.

De tudo isto, denota-se que a criação de situações de aprendizagem nas quais estão presentes os diferentes sentidos e processos mentais, nas quais os significados são compartilhados e os sujeitos estão implicados, serão as mais adequadas para produzir aprendizagem integrada.

Justificativa socioafetiva. Se partirmos de que o ser humano chega a ser tal como é pelas influências de seus congêneres em maior medida do que no resto das espécies, estaremos reconsiderando o papel da cultura e das relações socioafetivas na construção não somente das aprendizagens integradas mas também da pessoa. A diferença com o resto das espécies é a indeterminação, a plasticidade e a flexibilidade com que nasce o ser humano. Esta falta de completude biológica permite e fundamenta a educabilidade, o desenvolvimento superior do sujeito por meio da influência do meio.

A aprendizagem humana não é um processo mecânico mediante o qual nos tornamos donos simbolicamente da realidade, não é um processo que possa ser reduzido a componentes intelectuais. A aprendizagem humana, quando é integrada, comporta elementos emocionais, intuitivos, atitudinais e, inclusive, sociais. Compromete a totalidade do ser em sua relação com o mundo. Não é um mero ato individual, embora também o seja desde a identidade biológica, mas é fruto das interações com a cultura socialmente enriquecida. A educação varia com os contextos e respectivos valores. As aprendizagens variam com as pessoas que vivem no entorno, com a motivação intrínseca, com o clima de interação criado e com o próprio conteúdo, objeto da aprendizagem. Assim, pois, a aprendizagem integrada tem sua razão de ser nos componentes cognitivos, socioafetivos e culturais.

Justificativa a partir da Neurociência. Sem menosprezar o que já foi comentado neste item, o avanço da Neurociência nas últimas décadas tem revolucionado a concepção de comportamento humano, de tratamento psiquiátrico e da própria Psicologia. Esperemos que este conhecimento também seja capaz de influenciar as intervenções educativas e o tratamento da marginalidade.

A aprendizagem, segundo F. Mora (2002: 178), é um processo que realiza o organismo ao vivenciar a experiência e com a qual modifica a sua conduta. Leva consigo mudanças plásticas no cérebro que hoje se acredita estarem relacionadas com a atividade sináptica.

Estamos assistindo ao nascimento de uma nova era do conhecimento. Essa nova era deverá requerer, segundo F. Mora (2002:158), não tanto novos conhecimentos, mas um *continuum* nas disciplinas que constituem o arco do saber. Tanto assim que me atrevo a predizer o surgimento de novas áreas de estudo nas quais haja disciplinas que tenham como estrutura fundamental a integração dos conhecimentos. Inclusive o autor vai mais além ao propor novos currículos que consistem em "disciplina de conhecimentos unificados".

Se nos ativermos às recentes contribuições dos estudiosos do cérebro (da Neurociência ou ciência do cérebro), quebra-se a tradicional separação entre corpo e mente, entre pensamento, sentimento e ação. Damásio propõe que nossas sensações e emoções têm um papel importante no raciocínio e que separar coração e cérebro não é correto. Existe um vínculo entre emoção e razão. E vai mais adiante ao afirmar que **"pensamos com o corpo e com as emoções"**. Duran (1999:72) afirma: **"Resultaria no fundo estranho que o conhecimento não estivesse ligado à emoção. Qualquer avanço no conhecimento do mundo tem sido ligado a uma sensação rara, a uma plenitude, a uma satisfação interna difícil de descrever... Seriam, pois, as sensações e emoções o que governa a razão"**. A razão não é considerada contrária à emoção. Somente se podem tomar decisões racionais corretas quando estão adequadamente acompanhadas das emoções, ou seja, de um equilíbrio emocional.

A partir da Neurociência, o processo de sentipensar não é apenas um neologismo, mas a resposta linguística a uma realidade cerebral (emocional). É a linguagem que melhor se ajusta ao funcionamento da relação entre cérebro e razão. O cérebro opera com substâncias ou neurotransmissores responsáveis (a partir do enfoque neurológico) pelos estados de ânimo e por muitos comportamentos, impulsos e aspirações. A acetilcolina, por exemplo, seria a substância geradora de nossos sentimentos, de nossos julgamentos, da capacidade de análise crítica e de estimulação intelectual (CRUZ, 2001:29). A adrenalina seria uma substância para o rendimento, a excitação, mas também pode produzir medo e estados nervosos. Enquanto a dopamina e a endorfina proporcionam euforia e desejos de viver, o hormônio gaba provoca relaxamento corporal e quietude, bem como visões incomuns produzidas em grandes quantidades em estados de meditação.

A questão pedagógica e didática estaria em como gerar tais substâncias endógenas por meio de palavras, imagens, estímulos sensoriais e outros apoios didáticos. Como um educador pode criar situações prazerosas, facilitadoras da auto-aprendizagem. Devemos começar a levar em consideração que as explicações de um docente não somente informam, mas, com sua atuação e paralinguagem, transmitem estímulos e podem vir a contribuir para a secreção de neurotransmissores que provocam o entusiasmo, a euforia, a satisfação, o desejo de aprender ou, pelo contrário, o aborrecimento, a desconexão e a falta de interesse. Assim, pois, a estimulação multissensorial tem um papel decisivo na aprendizagem integrada. Uma aprendizagem que não se limita aos conhecimentos, mas que envolve capacidades, atitudes, valores, hábitos e relações.

Temos fragmentado demasiado o conhecimento, conceitualizamos muito rapidamente as imagens e percepções antes de explorar todas as suas possibilidades, mas, sobretudo, temos deixado muito de lado as aprendizagens escolares importantes da vida. Temos descontextualizado os conhecimentos e separado as emoções, dos valores e do prazer que deveria provocar a descoberta de algo novo. Sabemos, por experiência própria, que a maior parte dos conhecimentos que nos são úteis nós aprendemos fora da escola.

Por isso, por meio deste enfoque do **sentipensar**, queremos convidá-los para que façamos uma volta à vida. É preciso resgatar e levar vida à escola. Voltar à aprendizagem inicial como já se vem fazendo no ensino de idiomas. Se o procedimento de tal aprendizagem funciona bem a partir da criação de situações vitais, por que não iria funcionar com outras matérias? Criar contextos de aprendizagem, criar cenários, situações, bem como relatos, histórias e diálogos, criar situações e materiais, propor estratégias mais implicativas. Isto é o que acontece nos primeiros anos de vida. Nos três primeiros anos de vida, afirma X. Duran (1999), aprendem-se coisas muito mais complicadas que, no resto da vida, mesmo que o sujeito termine sendo um físico nuclear ou um eminente crítico. Quando pequeno, tem-se de aprender a distinguir formas, cores, palavras, significados..., tem-se de aprender a caminhar, a comunicar-se e a compreender códigos verbais e não verbais bem complexos. Como que se consegue? Porque, além do pensamento, existem emoções, estímulos afetivos que o impulsionam diante das dificuldades. Porque ele aprende com todos os sentidos.

O que nos faz humanos não é somente a razão ou só a emoção, mas a combinação de ambas (Steven Hyman). Como aprender com todos os sentidos? Como aprender com todo o cérebro? Disto nos ocuparemos a seguir.

3. Sentipensar: aprender com todo o cérebro

"A pesquisa sobre o cérebro manifesta o que muitos educadores sabem intuitivamente: que os alunos aprendem de diversas maneiras e que quanto mais maneiras se apresentem, tanto melhor apreendem a informação." (Williams, 1986:21)

É fato notório que somente utilizamos uma mínima parte do cérebro, das quase infinitas possibilidades oferecidas às mais de 10.0000 milhões de conexões neuronais. Um só neurônio do córtex pode ter entre 30.000 e 40.000 especializações receptoras. A inextrincável árvore dendrítica alcança quase um trilhão de conexões. Durante o desenvolvimento intrauterino, o número de neurônios cresce a razão de centenas de milhares por minuto e, nos primeiros anos de vida, se pode criar de 30.000 a 50.000 de sinapses por segundo em cada centímetro do córtex cerebral (F. MORA, 1999). A estes dados, temos de adicionar que a plasticidade do cérebro nos indica, por sua vez, que essas conexões não são fixas, mas podem ser modificadas ao longo da vida, como resultado da interação entre o programa genético e o meio ambiente sensorial, afetivo e cultural.

Desta informação, resulta fácil deduzir que o cérebro humano é, por hora, infinitamente superior ao cérebro computacional e que as possibilidades e potencialidades humanas a respeito do que se pode pensar, sentir e fazer são incomensuráveis. Estamos utilizando nossas potencialidades a um nível ínfimo. O importante é estarmos consciente deste fato e tirarmos o máximo proveito de nossa capacidade para que possamos alcançar uma vida plena e feliz. Esta é a meta final de uma criança, de um estudante ou de qualquer um adulto. Viver cada etapa da vida em maior plenitude, como meta em si mesmo, tirando o melhor que existe na infância, por meio dos jogos; na adolescência, por meio da descoberta do outro; na juventude, por meio da experiência e da inovação; na maturidade, por meio da plenitude emocional, relacional e profissional; na aposentadoria, por meio desses desejos que não puderam ser realizados em etapa anteriores da vida.

Para abordar de forma ampla e sistematizada a ideia de aprendizagem holística e integradora, ocupar-nos-emos agora dos seguintes temas:

      3.1 - utilizar os três cérebros;

      3.2 - utilizar os dois hemisférios;

      3.3 - química da aprendizagem.

3.1   Utilizar os três cérebros

Como aconteceu com a inteligência que de uma única se passou a oito tipos de inteligências diferentes, segundo nos ensina H. Gardner, desde o conceito unitário do cérebro se passou a conceber a existência de três cérebros triúnicos de MacLeans (reptílico, límbico e córtex), estamos também acrescentando o cérebro imunológico e o cérebro social. Não descartamos que, com os avanços recentes da Neurociência, vão sendo descritas outras funções cerebrais que dão respostas às diversas manifestações mentais, como perceber, pensar, sentir, atuar, persistir, interagir ou inclusive transcender.

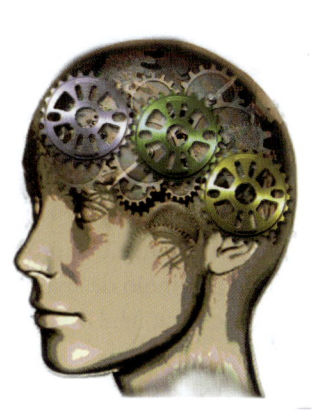

Quem sou eu? É a pergunta que nos assalta quando adentramos neste misterioso mundo neuronal. Eu sou o meu cérebro (e suas relações). Nele se registra tudo o que acontece na vida e que dá sentido ao viver. É algo mais que uma "caixa preta" onde tudo fica registrado. É a expressão do meu eu. O cérebro não é um órgão a mais, mas um todo com o corpo e a mente. O cérebro e o resto do corpo, escreve Di Vora (2003) citando Damásio, constituem um organismo indissolúvel, integrado, mediante certos circuitos reguladores bioquímicos e neuronais mutuamente interativos.

Em termos de desenvolvimento cerebral, a evolução do ser humano tem permitido diferenciar três estados, desde o primeiro momento da concepção até o desenvolvimento completo do cérebro. É importante que se saiba disto pelas consequências educacionais que comporta.

O **cérebro reptílico**, localizado no Talo Cerebral, o Sistema reticular e o Gânglio Basal, que está ao redor do talo, constituem a mais primogênita das estruturas. Neste cérebro, originam-se as respostas involuntárias, inconscientes e, portanto, é o centro regulador dos impulsos e das necessidades biológicas como sobrevivência, fome, sede, abrigo, impulso sexual de procriação... Nele também estão radicadas as convicções e as forças humanas mais arraigadas de modo que, quando se apresentam em tal cérebro, fica difícil removê-las. Como disse M. Di Vora (O. C.pág 41), **"no cérebro reptílico tem assento a formação de rotinas, rituais, hábitos e valores entre outros; ele nos fala através do corpo físico e de nossas condutas"**.

É por isso que custa tanto mudar determinados padrões adquiridos no processo de ensino e aprendizagem. Uma destreza aprendida de maneira errada, como, por exemplo, escrever à máquina, provoca mais transtorno à sua retificação do que a sua ausência. No entanto, como sinaliza Damásio, a regularização corporal, a sobrevivência e a mente encontram-se entrelaçadas.

O **cérebro límbico** está conformado pelo tálamo, pela amígdala, pelo hipotálamo e o hipocampo, entre outros. É a morada e a fonte principal das emoções, sendo também conhecido como hemisfério visceral por regular os diferentes órgãos do corpo por meio de suas conexões com o sistema nervoso autônomo. Neste cérebro, escreveu M. Di Vora (O. C.: 42), está a vida emocional e a afetividade.

É ali que se organizam as nossas reações aos acontecimentos do mundo exterior, as relações com os outros, assim como boa parte de nossa vida intelectual. As emoções são as respostas organizadas que fazem intervir o cérebro e o conjunto do corpo. Estão alinhadas entre o cérebro reptílico a estrutura subcortical e as estruturas corticais.

A relação entre as diferentes estruturas e as funções sensoriais e emocionais, segundo M. Di Vora (O. C.: 42), se estabeleceria de acordo com o seguinte quadro:

> *O tálamo estaria relacionado com o afeto. A amígdala estaria associada à agressão oral, assim como as emoções de índole negativa como o medo, a raiva, a tristeza e o desgosto. O hipotálamo estaria associado ao prazer e à dor, sensações contrárias desde a percepção do sujeito, mas que, ao surgir, são reguladas no mesmo órgão. Os bulbos olfativos estariam relacionados com os odores e a respiração. A região septal tem a ver com a sexualidade e o afeto. O hipotálamo está comprometido com a memória a longo prazo.*

Esta diversificação ou especialização não contraria a ideia de uma unidade funcional, já que somente na ação tais fenômenos são reconhecidos.

O **cérebro neocortical**, ou simplesmente córtex ou neocórtex, localiza-se na parte mais evoluída do cérebro, formado pelos dois hemisférios. Este cérebro, que representa a maior evolução das espécies viventes, é o que nos permite construir a linguagem e os símbolos, raciocinar, refletir, tomar decisões, prever o futuro. Processam a informação proveniente das demais unidades e é capaz de controlar as emoções assim como persistir em uma tarefa ou insistir em algo. Apesar de se falar de três ou mais cérebros, o Eu é um e o comportamento, as atuações ou criações são frutos das interações entre todos eles. É produto de uma cooperação global entre todos. A consciência seria o eixo que conduz os diferentes cavalos que movimentam a carroça. Cada um tem o seu impulso, a sua força e o seu estilo, mas todos eles contribuem para uma boa corrida.

Desde o ponto de vista educacional, é preciso levar em consideração as funções que se atribuem a partir da Neurologia e da Psicofisiologia a cada um dos cérebros para pensar nas atividades e tarefas que os integrem a todos. A educação não deveria ficar somente na estimulação do córtex, mas favorecer o bom funcionamento do límbico e do reptílico. Temos de criar situações e contextos emocionais, impulsos, vivências, experimentar situações limites de sobrevivência utilizando os conteúdos curriculares. Uma educação para a vida resultaria cerceada se somente se trabalhasse o intelecto, embora saibamos que implicitamente estariam funcionando os outros. Se as situações emocionais agradam, comprometem, por que temos de restringi-las à vida privada? Viver os momentos é viver com os três cérebros.

3.2 Utilizar os dois hemisférios

Aprofundemos um pouco mais em uma educação que integra os dois hemisférios unidos pelo corpo caloso que se faz de ponte entre ambos. O cérebro, morfologicamente, está constituído por dois hemisférios com funções diferenciadas. Enquanto o hemisfério esquerdo processa informações de caráter sequencial e lógico, linear, temporal, analítico, o hemisfério direito está especializado na percepção global, intuitiva e divergente. É por isso que, enquanto ao hemisfério esquerdo se lhe reconhecem funções que têm a ver com o estabelecido, o estrutural, ao direito são atribuídas as potencialidades criativas.

J. Wykoff (1994, 27) compara ambos os hemisférios como o editor e o gerador. Ao primeiro, atribui-lhe a linguagem, os processos lógicos e numéricos, a visão dos detalhes; é simbólico e crítico, sequencial, incremental, dominante. Pelo contrário, ao hemisfério direito, são atribuídas imagens, ritmo, música, imaginação, colorido, visão de conjunto e configurações, funcionando por meio de saltos e visões holísticas. É mais rápido e visual, valendo-se de *"Groks"* que, nas palavras de Robert Heinlin, significa compreender completamente o momento. Quando algo é *"grokked"*, entende-se sua configuração completamente, embora se apresentem ambivalências, coisa que, por enquanto, não conseguem os computadores, mas, sim, a mente humana.

As evidências e pesquisas desenvolvidas por S. P. Springer e G. Deutsch (1994) questionam de cara as formas de afrontar o conhecimento, a linguagem e a imagem, segundo se potencialize um ou outro hemisfério cerebral. O hemisfério esquerdo, disse, está especializado em funções da linguagem, mas estas são consequências das habilidades analíticas superiores de tal hemisfério. Assim, pois, a linguagem, o numérico e o sequencial não são senão manifestações de um princípio superior. Da mesma maneira, a capacidade visório-espacial superior do hemisfério direito deriva de uma forma sintética de manejar a informação. Uma das primeiras consequências desta assimetria é o diferente estilo de processar informações em função de um código no qual o pensamento se apresenta. Uma análise dos erros, seguem argumentando esses autores, mostrou que os pacientes destros achavam relativamente simples manejar padrões que podiam descrever-se com palavras, embora difíceis de serem discriminados visualmente. O pesquisador da assimetria cerebral, J. Lévy, concluiu depois de vários experimentos que a estratégia do hemisfério esquerdo para manejar a informação é mais conceitual e analítica, enquanto o direito parece processar a informação de forma direta.

Se isto fosse assim, para que serve, pois o corpo caloso? Para que queremos ter vasos comunicantes, se estes não se comunicam? Poderíamos responder argumentando e perguntando para que nós queremos dois olhos, dois ouvidos, duas narinas... se vemos, ouvimos e cheiramos com apenas um? A comunicação existe da mesma forma que a troca de informações e, de fato, a deficiência ou carência de algum deles é suprida imediatamente pelo outro. Esse é o grande potencial que temos, que mais além desta situação de carência sempre é possível regenerar o que nos falta. O ser vivo tem a capacidade de adaptar-se às mudanças do meio ambiente e de compensar as deficiências (F. MORA, 2002:52). A criatividade, por exemplo, resulta da excepcional interação entre ambos os hemisférios e não é um produto de um só, por mais que a literatura siga identificando-se com o hemisfério direito. Olhando bem, talvez não se trate de assimetria estrita, mas de complementaridade de funções.

Que consequências educativas nos apontam estas descobertas? Os dois hemisférios se ajudam mutuamente no processo de aprendizagem ou cada um funciona à sua maneira? O seguinte estudo descrito por Katja Gaschler (2003:45-46), baseado no trabalho de Weigelt sobre Investigacíon y Ciência, valida a cooperação e a interatividade cerebral. Depois de treinar alguns estudantes em diferentes lançamentos para encestar em um cesto oculto, conclui que o grupo que havia começado a treinar com a mão esquerda havia passado logo à direita assim como o grupo que havia treinado de forma flexível superavam em muito o restante, ou seja, os que haviam feito com a mão dominante. O fato de fazê-lo com uma ou outra mão não modificava os resultados. Ao que parece, disse que a mão direita aprende melhor que a esquerda e ao inverso. A interpretação que faz Weigelt é que a percepção e a execução de um movimento se interpenetram e se armazenam de forma conjunta no cérebro.

Uma primeira aplicação é o reconhecimento do estilo dominante na forma de processar a informação. Enquanto umas pessoas são analíticas, impulsivas ou independentes de campo, outras são mais holísticas, reflexivas e dependentes de campo. Isto não quer dizer que sempre atuem sob a mesma ótica, mas que existe uma maior inclinação para se manejarem imagens visuais, diagramas, sequências ou simplesmente o raciocínio abstrato ou a linguagem. Vejamos com vários exemplos. Tente resolver estes problemas:

1. Você dispõe de 12 palitos formandos três quadrados. Redistribua os palitos para formar oito quadrados.

2. Imagine que você tenha uma folha de papel suficientemente grande, da grossura de um livro. Trate de dobrá-la para formar capas; se voltar a dobrar, você terá quatro capas. Se você continua dobrando até 50 vezes, sobre si mesma, que grossura terá este papel depois de dobrá-lo 50 vezes sobre si mesmo?

3. Defina o que é um bilhão. "Um milhão de milhões". Muito bem, ao que parece, você compreende o conceito. Defina também o conceito de segundo, tão breve como o próprio nome. Agora me diga? Você acredita ter vivido um bilhão de segundos ao longo de toda a sua vida? Acredita que, entre todos os membros de sua família, você tenha vivido um ou mais bilhões de segundos? Quantos bilhões você calcula que se tenha passado desde o início de nossa era?

4. Quando responder a estas questões, terá compreendido o conceito de bilhão.

Neste caso, além da curiosidade que pode despertar em você o problema, o importante é comprovar quais as estratégias que têm utilizado para resolvê-los.

Se você se valeu da lógica, da intuição, da tentativa, de elementos gráficos, de representações ou de cálculos matemáticos, deste modo, conhecerá algo mais de si mesmo sobre o funcionamento das estratégias de seu cérebro.

Aprender com todo o cérebro é aprender com os dois hemisférios e, portanto, o estudante deveria exercitar os diferentes códigos e não somente o semântico. Um currículo que somente recorre a textos forçosamente é precário e insuficiente. A linguagem analógica e metafórica, por exemplo, se utiliza não somente da criatividade mas também do conhecimento científico. Por isso, é preciso ampliar o campo dos estímulos e das situações oportunizando estratégias, como a metáfora, as estratégias visuais, a simulação, os processos virtuais de ensino e aprendizagem, a fantasia e imaginação, a aprendizagem "coral", assim como a aprendizagem multissensorial da qual falaremos em outra parte.

A metáfora nos proporciona visões de conjunto nas quais se inter-relacionam os diferentes elementos de um conceito. Por exemplo, como seria a criatividade explicada em termos de árvore ou mariposa, a escola em termos de hemisfério esquerdo e direito, a vida como imagem marinha? A metáfora é provavelmente a mais poderosa ferramenta do conhecimento. Como estratégia de ensino, tem a vantagem de ser estimulante, motivadora e eficiente, porque parte do que já se sabe; holística, ao centrar-se nos processos de reconhecer e compreender pautas gerais; integradora, quando enfatiza as relações; divertida e lúdica, ao jogar com relações e semelhanças; criativa, ao incitar que seja os próprios alunos que criem novas metáforas ou analogias dos conceitos e sem dúvida aporta um excelente contexto para abrir-se ao diálogo e à criação. A metáfora pode ser utilizada em todas as etapas do ensino e certamente é válida para todas as matérias do currículo formativo desde a língua à Matemática passando pelas áreas sociais, as ciências e a experiência de vida. Por isso, comenta Williams (O.C.:81): **"A metáfora serve a muitas finalidades, desde um breve exemplo para clarear um ponto até um dispositivo para estruturar uma classe. Quando utilizamos a metáfora para estruturar uma classe, integramos a informação de maneira tão extremamente eficiente que permite aos alunos recordar com maior facilidade"**. Certamente também resulta útil na avaliação das aprendizagens.

Quem depois de ler este texto ainda não esteja muito convencido do valor mental e didático que tome nota do pensamento de Aristóteles: **"O principal é dominar a metáfora. É a marca do gênio"**. A metáfora pode converter-se na parte integral do processo de aprendizagem em qualquer temática ou nível.

As estratégias visuais desenvolvem, como é natural, o pensamento visual, mas não somente isto, pois a imagem proporciona uma rica fonte de estímulos para ambos hemisférios. Como afirma L.V. Williams (1986:96), a missão do pensamento visual na aula é tripla: começa com a observação para reunir e interpretar a informação, continua na representação gráfica da informação recolhida melhorando, assim, sua compreensão e a capacidade de gerar e manipular imagens visuais. Quem tem mais facilidade visual que verbal lhe resultará de grande utilidade, inclusive a quem trabalha melhor com códigos figurativos, semânticos ou gestuais, a representação será de grande ajuda. De fato, a visualização criativa, como diz M. Mallea, tem um papel fundamental nas aprendizagens dos estudantes universitários. Qualquer conceito é suscetível de ser imaginado, representado mentalmente e delineado graficamente. Talvez alguns dos problemas anteriormente expostos teriam uma solução muito mais fácil se os representássemos.

Uma forma de desenvolver as capacidades visuais de observação é pedir que representem mediante gráficos, linhas, desenhos, ideogramas..., a informação que lhes é dada. A ideogramação criativa (TORRE, 1995:184) é excelente para preparar um projeto, uma escrita ou o resumo de um livro. A ideogramação é uma técnica analítico-sintética que valendo-se da linguagem linear nos dá uma visão intuitiva, completa e orgânica das ideias de um amplo contexto que pode ir desde um parágrafo até uma obra ou teoria. De fato, faz parte das tarefas que S. Torre pede aos estudantes.

Reconhecer o valor da representação visual como instrumento do pensamento (ambos hemisférios) abre novas possibilidades que aproximam o conteúdo curricular do mundo real dos anúncios, da publicidade, da televisão, da Internet. É um recurso didático para educar desde e para a vida. O professorado que costuma utilizar recursos visuais tanto para informar como para que o alunado se expresse desse modo é muito difícil que prescinda logo deles devido à eficácia da estratégia. A memória figurativa é mais sólida e persistente no tempo. É fácil que o leitor recorde algumas situações ou fatos ocorridos em sua infância. Pois bem, consegue evocá-las mediante a representação de algum elemento visório-espacial.

Algumas das técnicas para se trabalhar com o alunado, a percepção, a representação e a interpretação imaginária são: os mapas conceituais, as tabelas, os diagramas, os gráficos, o esboço de ideias, os mandalas, as historietas, os relatos, os desenhos, as situações cômicas... Estes fazem parte da vida cotidiana, razão pela qual resultam também serem motivantes.

A simulação é a representação do comportamento de um sistema por meio da atuação de outro. Desde o ponto de vista didático, uma estratégia de representação da realidade quando não se pode aceder a ela. É tão potente como analogia para descobrir e transmitir conhecimentos. A estratégia de simulação, além de ser uma alternativa inovadora, aproxima o mundo conceitual e abstrato ou distante da realidade conhecida e próxima. Desse modo, podemos simular por meio do computador a condução de um carro ou de um avião, uma corrida de cavalos, ou um ensino profissionalizante como já vem sendo realizado há anos em alguns centros.

A pirâmide, descrita por S. de la Torre em sua obra **Estratégias de simulação** (1997:41), desde a teoria até a prática, tem três planos: a realidade interpretada (teoria), a realidade aplicada (técnica) e a realidade percebida (prática). Pois bem, esta realidade percebida pode ser transcrita, observada, vivida, imaginada, deslocada ou simulada.

Os oitos princípios psicopedagógicos nos quais se fundamenta a simulação como estratégia didática são (TORRE, 1997:38):

- partir da realidade mais próxima;
- simular a realidade quando não é acessível;
- desenvolver a observação e análise;
- aprendizagem como processo sociocognitivo;
- reflexão como motor de mudança;
- ampliação de significados e interesses;
- relação entre teoria e prática;
- interação favorece a transferência.

A simulação é uma ferramenta de formação. Formar-se é ir além das fronteiras do presente para olhar o futuro. Neste sentido, a simulação convida a planejar atuações futuras, a imaginar ou a simular situações novas nas quais intervir, com a ajuda da imaginação e da criatividade. A criatividade é consubstancial à simulação da mesma forma que a arte é para a criação. Simular é construir um leito, um caminho, redes, realidades novas. É cavalgar nas ondas da realidade conhecida para transferir alguns de seus traços ou características a uma outra realidade.

Os ambientes virtuais de ensino e aprendizagem são considerados por alguns autores como extensão da simulação. Isto pode estar certo na medida em que a simulação se instala nos procedimentos informáticos para facilitar a instrução. Ao mesmo tempo, os recursos virtuais podem participar do caráter simulador da realidade, entretanto nem tudo o que se trabalha por intermédio da informática pode ser catalogado como simulação.

A informática é um recurso potente, flexível, adaptável, econômico, imediato, interativo na maneira de trocar informações entre alunos e estes com o docente. De fato, não são poucas as experiências de debates presenciais que se continuam pela Internet, assim como de tutorias, guias e propostas de trabalhos e, sobretudo, a criação de redes e cursos de formação a distância. A navegação virtual pode ser semelhante, analogicamente, à circulação de pessoas, de veículos de superfície, de transporte de serviços de uma grande cidade como o Rio de Janeiro onde, pela primeira vez, constatei a semelhança entre ambos os sistemas. Um paralelismo com todas as suas facilidades comunicativas e seus problemas sobretudo em momentos de máxima circulação de veículos. Exatamente o que sucede com a comunicação digital. Qualquer cidade, entretanto, nos pode servir de referência para estabelecer a simulação ente circulação urbana e virtual e encontrar os parâmetros que nos permitam compreender melhor tais recursos na formação.

Graças ao transporte público e privado, nós nos transportamos ao trabalho, vamos às compras e aos espetáculos, nos relacionamos, nos abastecemos de mercadorias, convivemos e nos desenvolvemos dia a dia, o que poderia ser o padrão da vida cotidiana. Sem esse tempo de deslocamento e de trocas, de abastecimento e de consumos, de amizades e de passeios, não haveria propriamente vida social. Isto nos dá ideia de sua importância embora evidentemente soframos os colapsos e engarrafamentos que tanto nos alteram emocionalmente. As estratégias virtuais são os mecanismos de formação de um futuro que já começou a se tornar presente.

A fantasia e a imaginação são recursos mentais igualmente poderosos para aproximar, transformar ou sublimar a realidade. Também poderia incluir-se como estratégia simuladora na linha anteriormente comentada, como uma forma de aproximar-se da realidade. Willlians (O.C.:129) se refere à fantasia como um modo de aprender com todo o cérebro. A fantasia, disse, é uma parte de nosso mundo interior, esse reino mágico onde a imaginação cria as próprias realidades, sem as limitações de espaço nem de tempo, sem delimitações nem condicionantes externos. A pesquisa, a resolução de problemas e a criatividade advertem a respeito da gravidade da perda da fantasia e da imaginação por quanto resultam de grande utilidade na vida adulta. Desse modo, aprender com todo o cérebro é também educar para a vida jovem e adulta. A criança é quem mais utiliza a fantasia em suas relações com o mundo. Perde-se essa facilidade ao se impor um currículo distante do seu mundo.

Um dos usos frequentes da fantasia e da imaginação em educação acontece como instrumento para relaxamento. A fantasia nos permite construir mundos imaginários e relaxarmos enquanto percorremos, com a imaginação, lugares ou processos tranquilizadores. Também se pode utilizá-la como recurso de exploração do desconhecido ou como apoio a uma analogia pessoal. Na fantasia, pelo que parece, recebemos imagens preferentemente do hemisfério direito. Vejamos um fragmento de um possível uso.

> *"Imagine que você é uma semente... Seu corpo redondo dorme sobre um solo seco... Neste instante, começa a chover e o solo vai ficando úmido ao seu redor. Perceba como você absorve o líquido e começa a crescer...Sinta como cresce o seu corpo dentro da semente... Veja, está formando uma raiz! Sinta-a crescer.... A película que envolve a semente se rompe e você nota como a raiz avança dentro do solo úmido.... Continue crescendo.... Agora as suas folhas, ainda enroladas, se estiram em direção ao alto.... Sinta que seu corpo de semente se expande em todas as direções.... Sinta a presença do sol e do ar... Perceba os novos odores.... Deixe que suas folhas se abram dentro da semente...e emirja como uma linda planta."*

Fantasias desses tipos são um meio excelente para apresentar uma temática. Podem criar uma experiência que facilite o interesse e a compreensão global.

Afirma Dina Glouberman (1999), no seu livro **El poder de la imaginación**, que tudo que criamos em nossa existência começa com uma imagem mental. A imagem faz parte da vida e não podemos viver sem recorrer constantemente a elas. *A imagem é a base de nosso ser*, dirá. O trabalho com imagens é um método para intervir, explorar e mudar as imagens que guiam as nossas vidas. Pelo que sabemos dos pensadores criativos e de pessoas sãs e felizes, a forma mais produtiva de pensar é a combinação da palavra com a imagem. A imagem é um complemento hemisférico e cognitivo do código semântico. As imagens nos veem, nos assaltam diante de qualquer necessidade, como, por exemplo, quando queremos emagrecer ou estarmos em paz, quando pretendemos resolver um problema, quando saímos de compra, quando enfrentamos um dia complicado, quando temos de tomar uma decisão importante, quando nos custa dormir, quando precisamos de algo que não temos... Nestas e em outras situações, recorremos às representações ou presunções imaginárias de como seria uma determinada coisa ou situação. Estas previsões podem se apresentar em alguns sujeitos com caráter de premonição em relação a determinados acontecimentos futuros.

Um tipo específico de imagens de especial interesse para a criatividade são as imagens **eidéticas**. Elas são representações vivas e detalhadas dos fatos, ocorrendo com maior frequência na infância. As imagens **eidéticas** nos permitem reconstruir com detalhes os fatos observados, mesmo que muito tempo depois. Tais imagens são alcançadas por meio de choques e impactos. Os impactos nos marcam pelo fato de que neles se dá uma enorme carga de energia emocional e cognitiva, algo assim como sentipensar em nível de alta tensão.

"Um dos efeitos colaterais mais importantes no ensino através da fantasia é o fato de que esta confere aos alunos uma habilidade que pode aplicar em numerosos aspectos de suas vidas." (Williams, O.C.:157)

A aprendizagem "coral" realça a dimensão social e relacional das aprendizagens. Consiste na troca de informações no marco de suas relações com os demais, ou seja, uma aprendizagem compartilhada entre iguais. Quanto mais rica for tal interação, quanto mais se converta em um espaço de trocas, mais o sujeito se sente capacitado para ir desenvolvendo sua própria formação a partir das diferenças com os companheiros. De fato, é um pilar fundamental do ensino baseado na aprendizagem, diante do ensino tradicional centrado na ação docente. Basta deixar os jovens com liberdade de expressão para que fluam as ideias e trocas de informações.

Se nas concepções tradicionais já está reconhecida como técnica gratificante e implicativa, no paradigma em que se fundamenta este trabalho adquire uma relevância primordial. Aprender com todo o cérebro não se limita a uma atividade individual, mas sim compartilhada, porque, ao se compartilhar a informação, se pluraliza, se diversifica e se enriquece. O grupo é um estimulador de intenções. Mais de uma vez, tomamos decisões de fazer ou deixar de fazer algo influenciados por quem nos rodeia.

Para M.A. Zabalza (2000:483), **"o grupo e a interação entre quem o compõem, atua como catalisador de ideias e experiências que ao tornarem-se públicas nos permitem reagir à elas e tomar delas o que nos parece conveniente"**. Isto significa que, excluindo algumas memorizações, a aprendizagem isolada apenas adquire ressonância e transcendência para a vida, já que a maior parte das aprendizagens surge ao entrar em contato com os outros, em ambientes sociais culturalmente enriquecidos, e se projeta posteriormente em relação aos demais. Assim, aprender, e em particular a aprendizagem coral, cobra pleno sentido ao referir-se à vida. A consequência educativa deste tipo de aprendizagem é a necessidade de se criarem espaços e tempos abertos e flexíveis, onde a interação e a troca de experiências sejam possíveis.

3.3   A química da aprendizagem

Embora não seja este o marco para desenvolver considerações neurológicas sobre a aprendizagem, no entanto é importante fazer constar de que a Neurociência tem revolucionado os processos de construção do conhecimento tanto comunitário como individual. Aprender com todo o cérebro implica conhecer um pouco os mecanismos de transmissão neurológica da informação mediante a atuação dos neurotransmissores. Nas palavras da Neurociência, é aqui onde se radica qualquer manifestação comportamental e alteração psicológica. Se a aprendizagem é um mecanismo mental e social, indubitavelmente é influenciada pela energia neuronal e pelas redes por onde flui ou fica bloqueada.

Desde Platão até os nossos dias, pouco ou muito pouco se sabia a respeito desse fluxo de energia que circula pelas sinapses neuronais. É por isso que as diferentes teorias filosóficas, psicológicas ou sociológicas sobre a aprendizagem têm ficado em meros procedimentos descritivos mais do que explicativos. A descoberta do funcionamento sináptico dos neurotransmissores equivale à descoberta das ondas hertzianas no que se refere às comunicações. Representam uma verdadeira revolução no que se refere aos comportamentos humanos, aos mecanismos cognitivos e às reações emocionais. Os trabalhos de Varela, Damásio, Mora, Cruz, entre outros autores, nos oferecem conhecimentos que deveriam ser levados em conta pelos educadores. Não somente para relativizar o valor de sua influência direta mas também para reforçar o seu papel estimulador e criador de ambientes propícios à interação entre mente e corpo e de relação com os demais. Aprender com todo o cérebro é conhecer os seus mecanismos e aproveitá-los ao máximo.

O próprio conceito de aprendizagem tem evoluído desde mudanças de condutas observáveis às habilidades de pensamento, atitudes e valores. No entanto, F. Mora (2002:178) vai mais além ao conectá-lo com a atividade sináptica. Para este autor, é um processo que realiza o organismo a partir da experiência e, com ela, modifica a sua conduta. Até aí, não encontramos nada de especial. Entretanto, acrescenta: **"ele leva consigo mudanças plásticas no cérebro que hoje se acredita estarem relacionadas com a atividade sináptica"** (*Ibid.*,178). A plasticidade do cérebro não somente possibilita a aprendizagem mas também é influenciada pelo ambiente, ao mesmo tempo que nele também influi, sendo ele o principal estimulador da atividade neuronal. Falar de aprendizagem em termos sinápticos representa um passo científico de consequências imprevisíveis. A pergunta imediata seria: Será que poderíamos ensinar (estimular) aos neurônios para que "aprendam", inclusive em estados não conscientes do sujeito? Poderíamos encomendar à engenharia da Neurociência que nos submeta à informação curricular, às habilidades e às destrezas, da mesma maneira que carregamos os computadores? Que papel formativo teria o docente a partir desta suposição? Perguntas iguais a estas que fazem há uma década de existência poderiam parecer fantasiosas e sem sentido, hoje começam a interessar certos pesquisadores. Talvez antes do ano 2015, tenhamos algumas evidências desses processos de ensino e aprendizagem, mediante engenharia sináptica.

Vejamos alguns dados assombrosos para os profanos, neste campo, referidos por F. Mora (2002). Cada neurônio é autônomo e independente, no entanto conecta com outros em um número aproximado de 1.000 a 10.000 enlaces pelos quais pode dar e receber informação. De fato, um só neurônio do córtex cerebral, as grandes células piramidais, pode ter entre 30.000 e 40.000 especializações receptoras da árvore dendrítica. O tráfico de informação em um só desses contatos é enorme, o qual vai além de nossa imaginação quando estamos falando de trilhões de conexões. Para entender esta cifra astronômica, basta recordar que, desde a origem da escrita na humanidade ainda não passou um só bilhão de segundos. Cada sinapse é uma complicada maquinaria na qual atuam o espaço, o tempo, a Física, a Química, comunicando-se umas com as outras por meio de mensageiros químicos que circulam no espaço entre elas: são os neurotransmissores.

Os neurotransmissores, descritos por F. Mora (2002:188), são como substâncias endógenas (produzidas pelo organismo) que se encontram armazenadas no terminal axônio de um neurônio, capazes de serem liberadas por potenciais ações que alteram as polaridades do neurônio com o qual entram em contato imediato. O neurotransmissor é sintetizado pelo terminal pré-sináptico, corpo neuronal ou ambos e degradado ou recapturado imediatamente após sua liberação. As conexões entre os neurônios estabelecidas no cérebro como resultado das interações entre o programa genético e o meio ambiente (sensorial afetivo, emocional, cultural) podem ser modificadas devido à sua plasticidade. Esta tem uns 2.200cm^2. Você seria capaz de representar mentalmente o potencial e o funcionamento deste fascinante maquinário que é o cérebro humano?

Com este complexo quadro, explicado de maneira simples, talvez resulte mais fácil compreender de que modo os neurônios podem "aprender". Ou, dito de outro modo, de que forma se podem proporcionar os estímulos precisos para obter os resultados pretendidos e não outros. Esse é o problema e o mistério. Entretanto, hoje sabemos muito mais a respeito do modo como funcionam os neurotransmissores nas depressões, na descarga de adrenalina, ou diante de estados emocionais como a ira ou a cólera, a sensação de felicidade, os processos amorosos, a sensação de medo, a pessoa lutadora, as pessoas desmotivadas, as pessoas insatisfeitas e melancólicas, as que mostram confiança, pessoas ambiciosas e intrépidas. Por sorte, não é preciso fornecer ao cérebro estas substâncias, pois ele mesmo as produz e em função do predomínio de uma ou outra, tenderemos a estas variações emocionais, cognitivas e comportamentais.

A **calistenia mental** é a capacidade que o cérebro tem para criar abstrações de pensamento, imaginação e memória. A ginástica cerebral, diz J. Cruz (2001:81), é movimento; a calistenia é a abstração que utiliza os cincos sentidos por meio dos três canais básicos de acesso ao cérebro: visual, sinestésico, auditivo. Daí a importância da aprendizagem multissensorial.

Vejamos, como exemplo, os efeitos de alguns neurotransmissores ou substâncias sinápticas (J. Cruz, 2001). Algumas delas podem ser benéficas ou prejudiciais em nível alto.

> A **acetilcolina** é a substância mensageira para aprender, pensar e manter a memória. É o transmissor de nossa capacidade de fazer análises críticas, de nossa lógica, mas também dos nossos sentimentos. Junto com a dopamina, a noradrenalina, a endorfina e a oxitocina proporcionam a sensação de felicidade, caracterizada por um estado de euforia, de atração erótica, da capacidade de ajudar os demais, da capacidade de amar e de entregar-se à pessoa amada.

➡ A **adrenalina** nos permite reagir em situações de perigo ou de maior exigência. Aumenta a atenção e a claridade mental, assim como os reflexos em situações limites. Provoca perda de sono e ativa a imaginação, o fluxo de ideias, e inunda o sujeito com estímulos.

➡ A **psicodélica endógena** abre as portas a um mundo de experiências diferentes nas quais flui todo tipo de imagens e sensações desconhecidas. Pode provocar a confusão de percepções sensoriais como a música percebida como cor, os odores como tons, alongamento do espaço e do tempo, a confusão entre passado e presente. Estas substâncias psicodélicas podem estimular a privação sensorial ou perceptiva, a meditação concentrada, a auto-hipnose, a privação do sono, rituais determinados, cantos rítmicos ou outras estimulações sexuais intensas, bem como fazer com que o sujeito mergulhe dentro de si ao ouvir música psicodélica. As pessoas mais criativas são psicodélicas endógenas.

➡ **Endovalium e gaba** têm um efeito tranquilizante, inibidor, provoca sonolência, convertendo-se em um excelente antidepressivo ao elevar o estado de ânimo; suprime medos, provoca distensões musculares, trazendo harmonia interna para o sistema nervoso vegetativo. É o elixir da confiança. As pessoas que os têm em seu cérebro são pessoas geralmente mais agradecidas e de bom caráter.

➡ A **dopamina** seria o neurotransmissor mais vinculado à criatividade, mas também à loucura. Determina a expressão de nossa cara, de nossa maneira de andar, a formação de pensamentos e ideias criativas, serve de estímulo à psique e fortalece as defesas endógenas. Ao bloquear-se a dopamina, mediante medicamentos ou alterações, podem aparecer efeitos como embotamento, depressão, medo indeterminado, enfermidades neurológicas, transtornos hormonais e circulatórios, além da perda de apetite sexual. Pelo contrário, seriam estimuladores desses neurotransmissores as danças, a desinibição, o sonhar desperto, a meditação zen, a atividade concentrada, a autossugestão, a música que emociona. A dopamina, em concentrações elevadas, influi nas habilidades artísticas, na fantasia, nas percepções do extraordinário e do absurdo, sendo uma molécula potencializadora da loucura. Se quisermos potencializar e estimular a dopamina, é conveniente deixar voar a imaginação e liberar as emoções.

Estes exemplos nos mostram que os avanços da Neurociência têm coisas importantes a dizer em relação à educação, sobretudo no que se refere à motivação e ao entusiasmo e às suas respectivas influências nos processos de aprendizagem. Os estímulos verbais, icônicos ou musicais são excelentes condutores de estados anímicos que predispõem ao conhecimento. Esta é a parte que mais nos interessa. O educador, formador ou monitor pode gerar estas substâncias relacionadas ao bem-estar e à motivação não proporcionando apenas informações sobre os mesmos, mas criando situações gratificantes. Não se trata já de um mecanismo de compensação psicológica como acreditávamos, mas de efeitos neurológicos. Se, os ambientes, as palavras, as relações ou o contato físico têm o seu efeito e ressonância cerebral, da mesma forma que os rechaços, as agressões, os desprezos, as críticas, a falta de justiça ou o reconhecimento ao esforço, neste caso de forma negativa, bloqueando a atuação dos neurotransmissores do bem-estar.

Digamos, para encerrar esta parte, que a Neurociência nos oferece importantes informações para se repensar o ensino desde a ótica mais vinculada à vida e à realidade dos estudantes, porque é ali onde se produz boa parte das condições favoráveis ao crescimento pessoal. Agora podemos compreender melhor o que é aprender com todo o cérebro. Aprender da vida e para a vida.

Quando a pessoa vive em um meio efetivamente rico, diz Cruz (2001:83), **é provável que isto favoreça a intuição criativa do indivíduo**. F. Mora (2001:97), por sua vez, reitera nesta mesma linha: **as emoções e os sentimentos são a luz central que ilumina a conduta humana**.

4. Ambientes multissensoriais

"Quando todos os sentidos estão enredados no processo de aprendizagem os alunos não somente podem aprender de forma mais adequada ao seu estilo, mas desenvolver todo um repertório variado de estratégias de pensamento." (Williams, 1986:21)

O que foi dito no item anterior nos mostra que a riqueza e a diversidade de estímulos sensoriais têm efeito potencializador no cérebro. De fato, o cérebro se nutre principalmente dos estímulos que recebe dos sentidos, sendo os principais transmissores o visual, o auditivo, o tátil e o sinestésico na construção da realidade.

O engatinhar do bebê, por exemplo, produz uma extraordinária estimulação neuronal e gera neurotransmissores como a acetilcolina, dopamina, oxitocina, os quais proporcionam bem-estar e desenvolvimento intelectual. Esta é a razão pela qual algumas metodologias de estimulação precoce e de superdotação utilizam o engatinhar nos primeiros meses, acompanhados pela mãe. No entanto, a princípio, poderíamos dizer que todas aquelas situações que proporcionam prazer e bem-estar ao sujeito, seja criança, jovem ou adulto, produzem no cérebro as substâncias geradoras de bem-estar e felicidade. Quando isto acontece de maneira habitual, sobretudo na infância, temos as bases para um adulto equilibrado, positivo e feliz. Pelo contrário, quando nos primeiros anos de vida se vive em um ambiente de mal-estar, de agressão e violência, de insegurança e falta de amor, o cérebro se protege com a produção de substâncias, como a serotonina, o hormônio G ou "gaba", a noradrenalina e adrenalina em excesso. Isto marcará uma propensão ao pessimismo, à desconfiança, à agressão e às reações violentas quando suas expectativas forem alteradas, ou quando ele é tirado de seu padrão normal de conduta. Esta informação é de grande importância nas relações matrimoniais ou em qualquer relação interpessoal.

Entretanto, nem tudo está predeterminado e nem sequer geneticamente. O ambiente, ou melhor, as interações com o ambiente é o que determina o curso da vida e a personalidade de cada um. Assim, o reconhece Mora (2002:49) ao dizer que o ditado genético não é o único ditado, senão um projeto que se desenvolverá em função das relações com o meio ambiente. Daí a importância da educação como potencializadora de qualidades e pensamentos positiva e bloqueadora de predisposições antissociais. A consciência, a decisão e a vontade são determinantes do curso da vida e, consequentemente, do êxito ou fracasso na aprendizagem. O que em Psicopedagogia chamávamos de motivação, hoje se denominaria, a partir de uma linguagem neurolinguística, de "climas indutores de neurotransmissores de bem-estar psicológico". Daí que a palavra amável, o gesto generoso, o sorriso, o reconhecimento, as imagens gratificantes, o humor, as melodias ou as músicas agradáveis e prazerosas, a proximidade e o contato físico são elementos capazes de provocarem mudanças em uma pessoa.

Dito isto como enlace em relação ao item anterior, vejamos um pouco mais sobre o papel dos estímulos e dos ambientes multissensoriais como estratégia pertinente ao paradigma ecossistêmico. Uma educação que pretenda ser reencantada necessita de tudo quanto seja significativo para o sujeito. E o significativo está naquilo que é percebido, nas experiências e no que é vivido.

Riqueza de estímulos. A abundância de estímulos vem mostrando-se eficaz não somente na estimulação precoce mas também no desenvolvimento das habilidades cognitivas e, consequentemente, da criatividade. O estímulo é a substância nutridora da mente humana e da pessoa. Alimentamo-nos de estímulos que, graças à consciência, transformamos em significações próprias, do mesmo modo que a planta opera a transformação e absorção das substâncias que lhe servem de alimento. Uma terra rica em substâncias orgânicas e minerais é a melhor garantia do desenvolvimento da planta, desde que a qualidade da semente também seja boa.

Os estímulos podem ser sensoriais durante o período infantil e progressivamente vão se tornando mais abstratos e simbólicos. As situações problemáticas constituem uma fonte de estimulação criativa. À medida que ampliamos o campo de nossa consciência e nos enriquecemos com novas significações, podemos cair na reprodução do aprendido ou na transformação imaginativa do quanto percebemos. A criança transforma de maneira imaginativa o que recebe; o adulto pode sentir-se inibido pela própria cultura para expressar livremente suas ideias. Uma pessoa criativa é aquela que olha onde outros já olharam e vê o que os outros não viram. Necessita-se, pois, de algo mais do que capacidade e estímulos. Requer uma atitude transformadora do meio.

Os sentidos são as principais vias nutridoras do cérebro, as que proporcionam a informação necessária para o seu desenvolvimento. Os sentidos nos dizem o que sabemos do mundo que nos rodeia. Entretanto, o sistema sensorial não somente inclui os sentidos da vida, ouvido, tato, olfato e paladar, mas também os sentidos proprioceptores que nos põem em contato com o sistema sinestésico e visceral. Dito de outro modo, com as sensações internas graças às quais percebemos mal-estar. De todos eles, a trilogia auditivo, tátil e motor constituem a principal fonte de informação. Assim, um projeto ou um programa educacional deveria levar em consideração a incorporação de estímulos provenientes destas três vias. Os sistemas sensoriais e motor constituem o cimento para o desenvolvimento do pensamento verbal e abstrato. Disto sabem muito bem as professoras de jardim de infância e quem está à frente das aulas de educação especial. O problema é que se esquece, conforme se vai aumentando o nível escolar.

Quanto ao escrever ou revisar um material, percebemos que algo não está correto, antes mesmo de encontrar o ponto exato do erro. É o sistema sinestésico que nos avisa que a sequência de movimentos não está correta. Quando gesticulamos, estamos utilizando o pensamento sinestésico e o verbal, já que o gesto contribui para realçar, enfatizar, reafirmar ou contradizer a mensagem verbal. E é que os sentidos sinestésico-táteis constituem o terceiro canal para assimilar informação. As atitudes se transmitem principalmente por intermédio da comunicação verbal.

Como utilizar os ambientes multissensoriais no ensino? Esta é a pergunta-chave. De cara, abre-nos às novas formas de comunicação, sem esquecer a idade dos sujeitos e os objetivos pretendidos. O potencial didático da comunicação verbal e não verbal pode ver-se em S. de la Torre (2001). Remetemos o leitor a tal fonte para não prolongar este item.

Algumas das estratégias que podem ser úteis para a criação de ambientes multissensoriais são os jogos de manipulação e de movimento, a dança, a representação dramatizada dos conceitos, os diálogos analógicos, os movimentos de pensamento. Algumas pessoas precisam mover-se para pensar de modo que lhes resulta difícil fazê-lo enquanto estão quietas. Para os adultos, isto é fácil, mas não para os estudantes que se sentem obrigados a ficarem sentados durante muitas horas enquanto o professor lhe pede que pensem. Pelo contrário, há também quem precise de um espaço tranquilo para concentrar-se. A incorporação da música em sala de aula tem múltiplos efeitos nos neurotransmissores, como vimos anteriormente.

O docente não deveria esquecer que as imagens aportam uma sensação de plenitude e de integração e facilitam a concentração. Uma educação baseada na verbalização gera dependência deste código, o qual contrasta com o que logo se encontra na rua, em casa, no tempo livre, enfim, o que acontece na vida. É por isso que uma educação holística tem de facilitar também a representação visual.

De todas estas considerações, depreende-se que o **Projeto Sentipensar** busca promover uma aprendizagem integradora, uma aprendizagem para a vida, que busca reencantar a educação tanto para o docente quanto para o discente. Um projeto que ensina o aprendiz a aproveitar os momentos, esses instantes atemporais e preciosos carregados de emoção e cognição. Mas isto será objeto de outro estudo.

Termino com um breve texto rico em sentimentos e ideias, que ilustra esse processo de "sentipensar" que descrevemos. Um texto que, em nosso modo de entender, proporciona prazer estético e agradável, bem como algumas reflexões sobre a vida. Uma aprendizagem integrada próxima à experiência e à vida, mas com pretensões de transcendê-la através dos momentos.

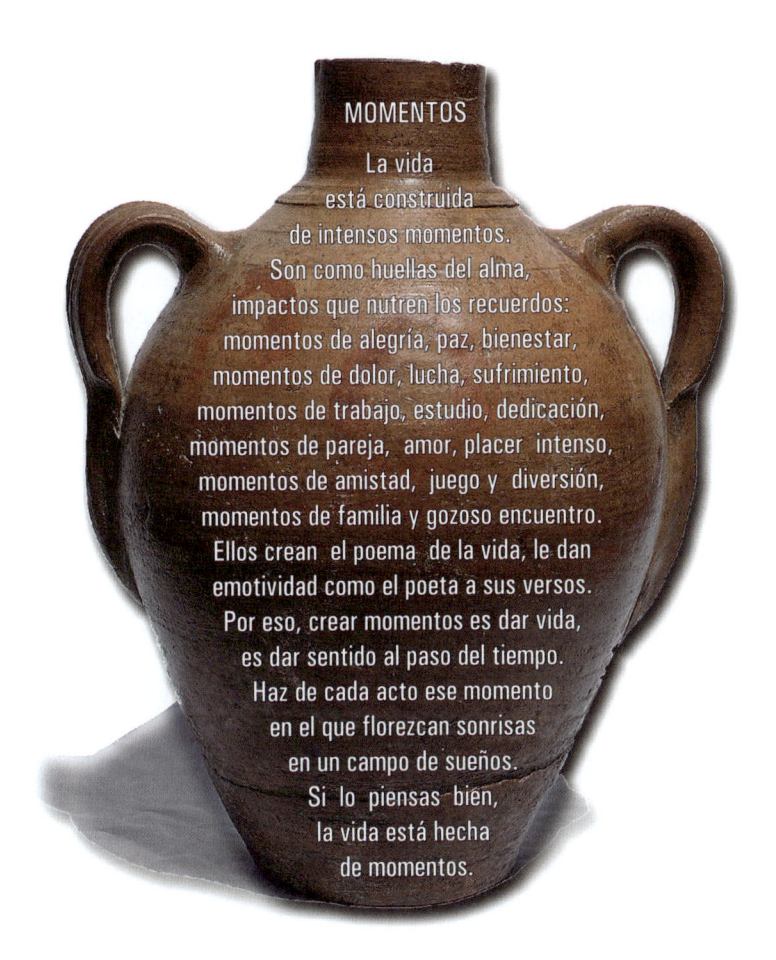

MOMENTOS

La vida
está construida
de intensos momentos.
Son como huellas del alma,
impactos que nutren los recuerdos:
momentos de alegría, paz, bienestar,
momentos de dolor, lucha, sufrimiento,
momentos de trabajo, estudio, dedicación,
momentos de pareja, amor, placer intenso,
momentos de amistad, juego y diversión,
momentos de familia y gozoso encuentro.
Ellos crean el poema de la vida, le dan
emotividad como el poeta a sus versos.
Por eso, crear momentos es dar vida,
es dar sentido al paso del tiempo.
Haz de cada acto ese momento
en el que florezcan sonrisas
en un campo de sueños.
Si lo piensas bien,
la vida está hecha
de momentos.

REFERÊNCIAS

CRUZ, José. **Química del pensamiento**. México: Nueva Ciencia, 2001.

DAMASIO, Antônio. **El error de Descartes**. La emoción, la razón y el cerebro humano. Barcelona: Grijalbo Mondadori, 1996.

DI VORA, Mercedes. **Cerebro-Aprendizaje-Creatividad**. Valencia (Venezuela): Compugráfica, 1994.

DI VORA, Mercedes. **Cerebro y emoción**. México: Memórias del Congreso I. de Educación. Sentipensar, 2003.

DURAN, Xavier. **El cervel polièdric**. Barcelona: Estudi General. 3ª edición. 1999

GAJA, R. **Bienestar, autoestima y felicidad**. Barcelona: Plaza y Janés, 2001.

GLOUBERMAN, Daniel. **El poder de la imaginación**. Barcelona: Urano. 1999.

GREENBERG, Leslie. **Emociones**: Una guía interna. Bilbao: Desclé de Brouwer, (2000).

HARRIS, Th. A. y A. B. (1995) **Para estar siempre bien**. Barcelona: Grijalbo, 1995.

KÚBLER-ROSS, Elisabeth. Y KESSLER, David. **Lecciones de vida**. Barcelona: Luciérnaga, 2001.

MORA, Francisco. **El reloj de la sabiduría**: Tiempos y espacios en el cerebro humano. Madrid: Alianza, 2002.

MORA, Francisco. (Ed.). **El cerebro íntimo**. Barcelona: Arie, 1996.

PRO, M. **Aprender con imágenes**. Barcelona: Piados, 2002.

SPRINGER, Sally P. y DEUTSCH, Georg. **Cerebro izquierdo, cerebro derecho**. Barcelona: Gedisa, 1994; 2001.

TORRE, Saturnino de la. **Creatividad aplicada**. Madrid: Escuela Española, 1995.

TORRE, Saturnino de la. **La comunicación didáctica**: modelos y pautas para la acción. En Sepúlvida y Rajadell: Didáctica General para Psicopedagogos. Madrid. UNED, 1995.

WILLIAMS, Linda Veller. **Aprender con todo el cerebro**. Barcelona: Martínez Roca, 1986.

WYCOFF, Joyce. **Trucos de la mente creativa**. Mindpapping. Barcelona: Martínez Roca, 1994.

IV. CENÁRIOS FORMATIVOS PARA SENTIPENSAR A EDUCAÇÃO: estratégias de educação para a vida

Saturnino de la Torre
Maria Cândida Moraes

1. Situação didática: a vida

Saturnino de la Torre

1.1 Cenário para sentipensar

> *A coisa mais bela que podemos sentir é o lado misterioso da vida. O que pensa que a sua própria vida e a de seus semelhantes carece de sentido, não somente é um desditoso, mas apenas está apto para viver.*
> **Albert Einstein**

> *No mundo não existe uma outra pousada que a que cada um leva dentro de si.*
> **R. Tagore**

A SEIVA DA VIDA

Viver! Desejo viver!
É o grito que estala
como impulso contido
no profundo d'alma,
como uma língua de fogo,
como uma torrente de água,
como um cavalo desbocado,
como um trem em plena marcha
que tenta recuperar
o tempo da parada.

Na árvore da vida,
o amor é a seiva

Saturnino de la Torre

LA VIDA ¿QUÉ ES LA VIDA?

Porque la vida es muy corta
para emplearla en odiar,
porque la vida es muy larga
para estar en soledad,
porque la vida es muy ancha
para ocultar la verdad,
porque la vida es profunda
para vivir sin buscar
la rosa de una ilusión
y la flor de una amistad,
porque la vida es camino
que vas haciendo al andar,
porque la vida es poema
con versos por estrenar,
porque la vida es recuerdo,
porque la vida es amar,
porque la vida es presente
porque la vida es soñar,
porque la vida es encuentro
brindado por el azar
y que solo el creativo
es capaz de aprovechar,
porque la vida es un don
para dar a los demás,
el bien que a otros hagas
con creces recibirás.

Saturnino de la Torre

1.2 Reflexão formativa

Somente vivem aqueles que pensam, sentem e agem; os demais transitam pela vida. A vida é muito mais que sobreviver biologicamente. É conviver, compartilhar, pois sabemos que um momento de satisfação e alegria quando compartilhado aumenta e um momento de tristeza, ao dividi-lo com mais alguém, diminui.

A vida é um direito humano universal, inalienável, um bem, um valor sobre o qual cobram sentido todos os demais. Ninguém tem direito sobre a vida dos outros tampouco sobre a própria vida. Assim, não somente é um atributo pessoal mas também social, não estando nenhuma sociedade legitimada para eliminá-la. É talvez o bem supremo dos seres humanos. Mas, não é este o ponto central de nossa reflexão. Como afirmamos no início, o importante é aprender a viver de forma plena, satisfatória e feliz, deixando algo de nós em quem nos rodeia. Em outras palavras, pondo um pouco mais de criatividade em sua própria vida, vivendo consciente e criativamente e deixando nossa marca naqueles que nos rodeiam.

Neste mundo, os humanos têm como meta fundamental: conseguir o maior bem-estar ou alcançar a felicidade. Em sua busca, orientamos a maior parte de nossas ações mentais, econômicas, laborais e afetivas. Esta meta não é somente pessoal mas também política (como defenderam Aristóteles e Simão Bolívar), social e educativa. Ela representa o alcance de um equilíbrio entre nossas aspirações e nossos logros, entre o que acontece em nosso mundo interior e o exterior, entre pensamento, sentimento e ação. O **sentipensar** é a expressão desta fusão que contribui para o bem-estar psicológico. Quando razão e sentimento estão em confronto, é difícil alcançar a paz interior. Daí as sensações de mal-estar e infelicidade presentes nas crises familiares, matrimoniais, no trabalho, nas amizades, situações em que ocorre o rompimento dos laços afetivos.

Em nosso dia a dia, a distribuição do tempo se orienta em direção aos três âmbitos: trabalho ou estudo, descanso e relacionamentos. Não como dimensões excludentes, mas como aspectos complementares da dinâmica da vida. Teoricamente, sabemos que deveria existir um razoável equilíbrio entre eles. E, por experiência, reconhecemos que, na prática, não é fácil, já que a inércia nos arrasta impedindo nossas ações. Tal equilíbrio comporta mudanças que nem sempre estamos dispostos a assumir. Descansar, saber parar a atividade no instante oportuno, no momento adequado, é fundamental para se desfrutar de uma melhor qualidade de vida. É importante parar para poder avançar, para seguir adiante de maneira mais planejada e eficaz, no lugar de fazê-lo de modo dispersivo e caótico. Nessas ocasiões, é conveniente dar uma parada para se tomar consciência de cada momento da vida, para repensar os valores fundamentais que nos guiam, para lembrar que a aceleração e o estresse provocam a perda do ritmo natural da vida e nos levam a um empobrecimento interior, provocando irritação, nervosismo, palpitação que tanto prejudicam a qualidade de nossas vidas.

É isto o que a natureza nos ensina com a existência das diferentes estações do ano e com o movimento dos ciclos naturais. Primavera, verão, outono, inverno; sol e chuva; lua cheia, lua nova, quartos crescente e minguante.... são expressões desta dinâmica da vida. A existência de cada movimento implica momentos de pausa e movimento, de repouso e renascimento para que a vida possa ser renovada. Daí a importância de saber parar e relaxar-se. Parar para seguir adiante, para reprogramar a tarefa ou para repensar a própria vida e o sentido que damos a ela. Parar para cuidar de si e do outro, para reconhecer os limites do corpo, para resgatar a alegria de viver.

Se bem é verdade que um razoável equilíbrio é sinal de bem-estar, é fácil encontrar pessoas que aumentam consideravelmente sua dedicação ao trabalho ou às relações com os outros em detrimento do próprio descanso. Trata-se de pessoas que desfrutam mais de seus relacionamentos ou do seu trabalho, como é o caso dos viciados em jogo ou no próprio trabalho. Sua origem pode vir de uma relação afetiva insatisfatória ou das dificuldades de conectar-se consigo mesmo, de conectar-se com o outro ou de escutar o seu Eu interior. Este direcionamento mais intenso de sua energia para o trabalho ou para o jogo ou atividades que desenvolve fora de casa traduz a busca de certo alívio interior, de uma satisfação que não encontra em outra parte. O álcool e os estimulantes muitas vezes são substitutivos da perda de sentido da vida. Observando a realidade, sabemos que a plenitude afetiva é o melhor regulador de uma vida de qualidade.

Cada ser humano, comenta Maria C. Moraes (1997), leva dentro de si o mundo em que vive ou que pretende viver. Se estivermos mal por fora e se a situação do mundo em que se vive revela o estado desordenado da psique humana, isto significa também que estamos mal por dentro, pois a ecologia exterior é um reflexo da ecologia interior. É reflexo da dinâmica relacional que ocorre dentro e fora de cada um de nós. De algum modo, o modelo de ciência representado pela Física quântica e pela teoria da relatividade revela a existência de uma unidade entre as coisas, e que o indivíduo é parte do mundo em que vive.

A nova ciência explica que a vida é relacional, que tudo quanto nos rodeia e acontece está interconectado, interdependente e acoplado, por mais que não sejamos conscientes disto e nem sequer saibamos explicar essas relações. Daí que viver implica conviver, isto é, compartilhar a própria vida com a dos outros. E isto requer respeito às diferenças, tolerância, solidariedade, convivência harmoniosa com pessoas e culturas. A multiculturalidade é a manifestação patente do intercâmbio cultural.

Assim, viver implica aprender a celebrar a vida com toda a sua grandeza e beleza. Aprender a dançar com a vida com flexibilidade e alegria; vivenciar o crescimento interior que potencializa ações em direção ao mundo exterior e que nos coloca em contato com os outros. Viver é aprender a relacionar-se. Não é em vão, escreveu Einstein, que **"a coisa mais bela que podemos sentir é o lado misterioso da vida"**. Este lado é reflexo de processos auto-organizadores e emergentes da vida, resultante de processos que envolvem sinergia, flutuações, interferências, riscos, mudanças etc. É o resultado que emerge dentre milhares de outras possibilidades e de trocas visíveis e invisíveis que poderiam ocorrer ou não.

O lado misterioso e criativo da vida se manifesta de múltiplas maneiras na natureza e no universo, sendo o corpo humano uma de suas expressões mais belas e atraentes e que traz consigo a força vital. É esta mesma força que está presente nas diferentes estações da vida e que se revela no desabrochar das flores na primavera, no canto das cigarras ao final de cada verão, no voo dos pássaros que desaparecem no céu outonal... É esta mesma força que impele os peixes a nadarem contra a correnteza, a flor a desabrochar no cerrado. São enigmas da vida infinitamente profundos e misteriosos, como afirma Einstein.

Para Leonardo Boff (1998), deveríamos assumir duas atitudes básicas diante da vida: cultivar o que amamos e alimentar a ternura. Cultivar o que se ama, porque a vida é frágil, alimentar a ternura para que a vida floresça.

A vida tem os seus defensores e os seus inimigos. Sim, é isto mesmo: inimigos da vida, sendo esta compreendida como processo consciente e satisfatório de desenvolvimento pessoal e busca da felicidade mediante a autorrealização das próprias potencialidades, do trabalho, do descanso e das relações tanto pessoais como sociais. Viver é, antes de tudo, conviver, compartilhar, deixar algo de nós, alguma marca especial a quem continuar vivendo depois de nós. A vida tem também um valor social, o que faz com que se cobre sentido pleno em relação aos outros. Daí que quem vive a vida de maneira criativa, sem dúvida, a vive consciente e intensamente, porque a vive com e para os outros.

1.3   Amigos da vida

Esta maneira de compreender a vida nos leva a refletir sobre alguns aspectos positivos importantes:

1. A vida é o dom mais precioso, o valor mais universalmente aceito, não estando nenhum pessoa, organização ou sociedade legitimada para eliminá-la, reduzi-la ou amputá-la. A vida está acima das ideias, das crenças, dos interesses econômicos e das construções territoriais ou estaduais. Como humanidade, nosso futuro depende do reconhecimento da vida como um direito fundamental e inalienável de todo ser humano.

2. A vida, dado o seu alto valor pessoal e social, necessita ser cuidada e mantida, evitando tudo aquilo que possa danificá-la. Por isso, a educação para a saúde é, ao mesmo tempo, educação para a vida, pois, deste modo, se a protege. A educação para a saúde comporta, entre outras coisas, hábitos de alimentação saudáveis e atitudes de prevenção, bem como a necessidade de se evitarem os excessos.

3. É missão dos seres humanos não somente manter a vida mas também transmiti-la, expandi-la e melhorar as suas condições. Uma pequena volta ao passado nos mostra, sem dúvida, muitas melhorias, mas também vários retrocessos no que se refere à violência e à capacidade destruidora do ser humano.

4. A sociedade está baseada na vida das pessoas. É por isso que as sociedades, ou seja, quem as governa, têm de protegê-la, investir na educação, na saúde e no bem-estar dos cidadãos. As pessoas, com os seus talentos e potencialidades, constituem a maior riqueza de uma sociedade ou de um país.

5. Do ponto de vista pessoal, o **sentido da vida** é a bússola que a dirige. Este sentido é único, específico a cada ser humano, e depende dele e de seu empenho a sua materialização. Queremos destacar este aspecto, porquanto o

sentido da vida é a convicção mais poderosa para se superar catástrofes, morte de entes queridos, para se lutar contra infortúnios, enfermidades, fome, miséria, situações limite, mantendo a fé em um futuro melhor. Um sobrevivente dos campos de Auschwitz observou que não há nada capaz de nos ajudar a sobreviver, mesmo nas piores condições, como o fato de saber que a vida tem sentido. Assim, deveríamos estar preparados para os piores momentos, que, com maior ou menor intensidade, nos tocará viver, tendo presente algo que nos ajude a seguir vivendo, algo que nos dê esperança, uma razão para se viver. Este motivo é possível de ser encontrado dentro ou fora de nós. A busca de sentido é, portanto, o principal motivo da vida de cada ser humano. É esta busca que nos leva a ser o que verdadeiramente somos. Observando a realidade, encontraremos uma infinidade de razões para seguir vivendo, sendo uma delas o fato de que existe sempre alguém que precisa de nós.

6. E, junto ao sentido da vida, está também a necessidade de se ter esperanças, sonhos, projetos, de forma permanente. O sonho é essa força invisível e envolvente que nos conduz em direção às novas metas. São as metas que fixamos interiormente e que expressamos em forma de esperança, desejo ou aspiração. O sonho, da mesma forma que a utopia, nos convida a mudar e a melhorar e a seguir adiante. Os sonhos e projetos são as substâncias impulsionadoras da vida. Sonhar é o primeiro passo para se alcançar aquilo que se almeja. O projeto, diz J.A. Marina, é o material que distingue as pessoas mais criativas. Ter projetos é uma maneira de dar sentido à própria vida. Como disse Gracián, **não viver apressado. O saber repartir as coisas é saber desfrutá-las. A muitos lhes sobra vida e lhes acaba a felicidade.**

7. A vida se alimenta de sonhos, sentimentos e desafios, assim como de criatividade. Muitos dos nossos desafios são, em grande parte, problemas que temos de enfrentar e resolver. Temos de assumir que a vida, da mesma forma que um roseiral, não é somente colorido e com aroma agradável, mas tem também os seus espinhos, os seus dissabores, dificuldades, momentos de tristeza, solidão e dor. Mas é precisamente a ilusão, o sonho, os projetos o que nos ajuda a superar esses baques e avançar etapa por etapa, em direção à autorrealização, sem esquecer que o amor é a emoção que constitui e conserva a convivência social, afirma Maturana, lembrando que **"o amor é todo poderoso: tudo dá, tudo alcança, tudo pode. É o mais pleno, o mais belo e o mais certo"**.

1.4   Inimigos da vida

Valorizados alguns dos aspectos positivos da vida, convém, agora, destacar aquelas situações ou ações tanto institucionais como pessoais que se convertem em inimigos e destruidores da vida e daquilo que lhes é próprio, ou seja, liberdade e sentido.

1. **Terrorismo**. São inimigos da vida aquelas organizações que utilizam a morte como meio de conseguir os seus objetivos. Existe terrorismo em termos de organizações, estados, ditaduras e quantas formas de governo e de injustiça que destroem os mais elementares direitos do ser humano: a vida, a liberdade, a justiça, a paz. O terrorismo e a guerra, em todas as suas manifestações, são inimigos da vida. O que ocorreu no dia 11 de março em Madri, assim como o que aconteceu em 11 de setembro em Nova Iorque, é a expressão mais abominável do desprezo pela vida humana. Quem atenta indiscriminada e irracionalmente contra a vida humana perdeu o sentido da vida, da mesma forma que aqueles que se imolam. Vão contra a lei natural do instinto de sobrevivência. O mais terrível destes fatos é que pode induzir-se por meio de doutrinamentos baseados em crenças. A partir destas modestas linhas, fazemos uma chamada à justiça, à igualdade e à luta contra a indigência e a ignorância que servem de sustentação aos poderosos. Quem faz apologia da imolação, jamais, se imola. Por que será?

2. **Fundamentalismo**. Outro modo de perseguição institucional contra a vida são os fundamentalismos tanto religiosos como políticos e que conduzem ao genocídio de povos e culturas. Dirigentes fundamentalistas possuem concepções arraigadas, visões radicais nas quais prevalece o valor das crenças, das ideologias ou a defesa dos territórios sobre os direitos fundamentais das pessoas. Qualquer ideia, por boa que seja em sua origem, quando nega a liberdade de outra pessoa e a persegue se converte em fanatismo e opressão. São ideias assassinas que é preciso evitar, se possível, já em suas origens.

3. **Torturas físicas e morais**. Também são inimigos e detratores da vida as torturas e violências tanto físicas como psicológicas e morais pelo fato de destruírem a pessoa atingindo a sua integridade e autoimagem. As torturas são a negação da dignidade humana a qual toda pessoa tem direito, inclusive os prisioneiros. É como denegrir o corpo ou a autoimagem de outra pessoa, como se apoderasse dela. Do mesmo modo que todo ser hu-

mano tem direito à vida, tem também direito à integridade física e moral, seja homem ou mulher, adulto ou criança, independentemente de religião, língua, raça ou cultura.

4. **Escravidão**. A escravidão, compreendida como compra e venda de seres humanos, faz parte da história. Entretanto, existem outras formas de escravidão mais refinadas tanto no que se refere ao aprisionamento dos povos como das pessoas. Vida, justiça e liberdade são três valores éticos universais assumidos pelas sociedades do nosso tempo. Entretanto, ainda encontramos muitas situações nas quais existem escravidão cultural ou religiosa, humilhação, privação da liberdade, maus tratos, dependência da mulher em relação ao homem apoiados em crenças ou normas de séculos passados. Tal é o caso de mulheres condenadas ou apedrejadas por terem relações fora do matrimônio. É um fato de flagrante escravidão cultural em nossos dias, ou talvez uma nova forma de fundamentalismo religioso. **Toda escravidão é inimiga da vida**.

5. **Enfermidades**. Um fato indesejável e difícil de controlar é a enfermidade grave. Ela prejudica a vida não somente no sentido biológico mas também na deteriorização moral. A enfermidade nem sempre tem uma causa externa, mas, sim, pode surgir a partir de nós mesmos. Quando acontece, é como um grito de alerta do próprio corpo, sinalizando algo que está em desarmonia em relação a diferentes aspectos da vida. Um desajuste entre pensamento e sentimento, entre ter e/ou querer, entre ser e ter. Para Leloup (1998), vida e saúde são expressões de uma totalidade integrada. Uma integração que reflete as diferentes dimensões do ser humano relacionadas com a razão, com as emoções, as sensações e intuições. Entretanto, a educação para a saúde pode ajudar-nos a prevenir algumas delas. A **criatividade paradoxal** nos ajuda a superar as enfermidades de modo menos traumático e, inclusive, de maneira construtiva, convertendo em gratificante o que em seu início parecia ser destrutivo. Os hábitos de vida, a alimentação, o esporte, as relações etc. contribuem para uma vida mais saudável. **Cuidar da saúde é cuidar da vida**.

6. **Depressões**. A depressão é uma enfermidade generalizada em nossa sociedade de vida acelerada, de tensões, estresse no trabalho, consumismo permanente e problemas nas relações afetivas. É um aviso do organismo que se manifesta, talvez, pela ruptura entre mente, corpo e espírito. As depressões comportam uma baixa psicológica, uma ameaça à vida não só

por um possível desenlace, mas porque existe uma perda generalizada da vontade de viver. Perde-se o desejo de relacionamento, de trabalho, de desfrute da vida e, em geral, somente aflora a necessidade de isolamento.

7. **A perda dos sonhos e do sentido da vida**. Uma ameaça à felicidade e à vida no sentido mais profundo que é a perda dos sonhos, o fato de não encontrar motivos para viver, o haver perdido o papel que todos temos ao nascer. Daí a afirmação inicial que **somente vivem aqueles que pensam, sentem e atuam; os demais transitam pela vida**. Pensávamos nesta imensa população de adolescente, jovens e adultos que vivem sem ideais, sem consciência de sua missão, do que podem fazer pelos demais. Encontrar sentido no estudo, no trabalho e nas relações faz com que a vida se converta em algo valioso e, inclusive, gratificante. Perder o sentido é perder a direção, o porquê e para quê, é perder a dimensão mais elevada do ser humano: a consciência. Sonhar o que se quer é começar a consegui-lo. O sonho é tão importante como a própria realidade quando se trata de viver.

Concluímos esta reflexão com as palavras de Louise Hay: "**Dedica todos os momentos possíveis de cada dia a agradecer tudo de bom que existe em sua vida e também as lições que recebe, porque quando as aprende, sua vida melhora. Se você acredita que é pouco o que tem agora, dá graça por esse pouco e aumentará. Se sua vida está cheia de abundância em todos os sentidos, expressa sua gratidão e essa abundância também crescerá**".

Lembre: A criatividade é uma força interior que nos conduz até aos umbrais de um novo mar, no qual cada onda tem a sua própria praia.

Cada dia é como um recipiente que encontras vazio ao despertar; procure enchê-lo de vida, de ti, até que tu vás a repousar.

1.4 Aplicação didática

Canções como *Sueña*, cantada por Luis Miguel, *Gracias a la vida*, interpretada por Elis Regina ou Mercedes Sosa, bem como a música espanhola *Hoy puede ser un gran dia*, de José Luis Serrat, podem servir para abrir ou fechar uma conferência, uma aula, como provocadoras de impacto inicial ou síntese final de ideias, sentimentos e valores a serem destacados.. A experiência na utilização destas músicas nos diz que são adequadas para se criar um clima emotivo, para criar circunstâncias que promovam o desenvolvimento de certos tipos de ações e reflexões. Cabe ao conferencista, com o seu talento e habilidades, tirar o máximo de proveito deste recurso.

O conteúdo das canções é sugestivo e facilita a abordagem de temas sobre a importância de se terem projetos e sonhos, de pensarmos a vida como algo que vai acontecendo, como um processo, como um caminho que vamos construindo, como um hino de agradecimento à vida por tudo o que dela temos recebido. Os projetos, afirma J.A. Marina, são os que nos mantém ativamente criativos. A canção *Sueña*, interpretada por Luis Miguel, é uma síntese extraordinária desse futuro sonhado, cheio de esperança. Pobre não é o homem cujos sonhos não foram realizados, mas aquele que nunca sonhou. Somente o fato de escutá-la já infunde ânimo, desperta desejos de buscar a felicidade, talvez, perdida.

Ela também poderá ser utilizada em cursos ou classes com adolescentes e em seminários com adultos, em cujo caso poderá ser realizada alguma atividade com o propósito de refletir sobre a própria vida, o seu sentido, o aprendido do passado e sobre os projetos que se tem para o futuro, sobre a situação atual, sobre as crises que alguém possa estar passando etc. De fato, este é um tema importante e de consequências transcendentais para muitas pessoas. Em momentos de desilusão, de fracasso, de desencontros, planejamos novos sentidos para as nossas vidas e reprogramamos o que precisa ser reprogramado. Qualidade de vida, autoestima, consciência de si mesmo, satisfação e alegria de viver são alguns dos valores que podem ser fomentados a partir destas canções.

Depois de escutar a música, em cursos ou seminários, podem ser trabalhadas questões relacionadas ao desenvolvimento pessoal formando pequenos grupos para facilitar a interação nos quais cada um pode expressar-se sem temor. Alguém poderá tomar notas para depois passá-las ao grupo maior.

Apresentamos, a seguir, algumas atividades como sugestões para que o docente ou o formador as utilize, adapte ou crie algo de seu interesse:

1. Compartilhar algumas experiências vitais que mais têm provocado impacto em pessoas e compartilhar as aprendizagens desenvolvidas. Lembre-se de que a vida nos proporciona experiências inestimáveis.

2. Imagine que a vida é uma balança na qual se pesam sonho e realidade, ideais e realizações, projetos e atuações rotineiras. No seu caso, que lado da balança pesa mais? Que papel você adota quando se fala de um tema polêmico como mudança e reforma? Você se coloca ao lado dos problemas, das dificuldades e resistências ou ao lado da utopia? Compartilhe projetos de curto prazo que você tem neste momento em sua mente.

3. A vida se alimenta de tempo. Elaborar uma planilha para tomar consciência das situações e das coisas com as quais você ocupa o seu tempo semanal. Verifique se existe um equilíbrio razoável entre tempo de descanso (8h), tempo de trabalho (8h), tempo de relacionamento, distrações e amadorismo (8h). De que modo você ocupa o seu tempo livre após ter cobertas as suas necessidades de trabalho, de estudo e descanso?

Atividades	Descanso	Trabalho	Relações
Descanso de noite			
Descanso de dia			
Trabalho no escritório			
Trabalho em casa			
Trabalho em outra parte			
Saída com amigos			
Amadorismo			
Televisão, leitura			
Desportes			
Outras atividades			

4. Jogo de analogias. Elaborar uma lista de analogias da vida, de alguma faceta dela, comparando-as com objetos ou situações. Por exemplo:

- A vida é como o mar, nele se dá de tudo.
- A vida é como o pomelo, é agridoce.
- A vida é como um roseiral, com rosas e espinhos.
- A vida é como uma noz. É preciso desprender-se da casca para desfrutá-la.
- A vida é como uma gangorra, com altos e baixos.

A vida também tem o seu lado problemático, de crises e conflitos, de enfermidades e ausências, que, em algum momento, podem levar à perda de interesse e de sentido por continuar vivendo. Ao longo da vida, todos nós temos passado por esses momentos de tristeza ou enfermidade, de desamor ou perda de pessoas queridas. O que fazer para converter estas situações emocionalmente negativas em "momentos" construtivos que acendem novas esperanças e que nos abrem novos caminhos e iluminam novos projetos?

Construir, entre todos, um relato ou uma história que seja imaginativa e que tenha sentido de humor a respeito da vida, destacando o seu lado positivo.

Procure dar continuidade a este poema da Madre Teresa de Calcutá, reinterpretado por nós:

A vida é ...
A vida é avançar, não retroceda,
A vida é uma viagem, desfrute-a;
A vida é acaso, aproveite-a,
A vida é um mistério, descubra-a,
A vida é relação, comunique-se,
A vida é música, escuta-a;
A vida é um jogo, divirta-se,
A vida é única, cuida-a;
A vida é atrevida, se arrisque;
A vida é dor, transforma-a,
A vida é trabalho, seja constante;
A vida é sentimento, goze-a,
A vida é ternura, acaricia-a,
A vida é paixão, ama-a;
A vida é esperança, nunca a perca!
....

Siga escrevendo outras analogias

2. Situação didática: o meio ambiente

Saturnino de la Torre

2.1 Cenário para sentipensar

Agradeça à natureza sua generosidade e abundância. Ela nos proporciona maravilhosos frutos para alimentar bem o nosso corpo e lindas paisagens que nutrem a nossa alma.

Louise Hay

La belleza natural

Rindo mi alma a su belleza
mientras gozo sus besos de cristal,
siento mi mirada clavada en su piel
como anzuelo que no puede despegar;
rindo mi emoción a sus encantos
y fascinado, no dejo de ensalzar
mi suerte por haberla contemplado
con alma de niño y ansia de verdad.
Impactado, no me canso de mirarla
y al mirarla no dejo de gozar
el esplendor del **ser** al desplegarse
y mostrar su **belleza al natural**.

Lo sé, pensaste que hablaba de ella
y no equivocaste tu pensar,
pues la belleza nace de uno mismo
cuando sabe descubrir lo natural.

Andes soberbios que habláis con el cielo,
olas gigantes que increpáis al mar,
playas paradisíacas del caribe,
océanos de infinito y celeste mirar,
inmensas arboledas brasileñas
pulmones de la humanidad,
puestas de sol que sonrojan al horizonte
cuando la tierra lo quiere besar.

La belleza está en quien la siente
y sabe compartir con los demás.
La belleza reside en el ser
de quien es capaz de interpretar
el silente lenguaje del planeta
y la riqueza de su diversidad.
**¡Qué bello es mirar dentro de uno
y descubrir el entorno natural!**

Saturnino de la Torre

Eletricidade na aula

Era o dia 14 de fevereiro de 2002. A psicopedagoga, professora de educação especial do Ensino Secundário, estava desconcertada sem saber explicar por que os alunos estavam tão inquietos e não havia maneira de controlá-los nem de controlar-se. Tinham os nervos à flor da pele. Nunca lhe havia ocorrido algo semelhante, me contava.

- Não será que haviam sofrido alguma pressão em outras classes e, por isso, estavam intranquilos na sua? – perguntei-lhe.
- Em absoluto, comentou, não era somente em minha classe, mas em outras também. Moviam-se, falavam, respondiam sem pensar... estavam como um vespeiro, voando de um lugar para outro, picando tudo que encontrasse pela frente.
- Ocorreu outras vezes algo semelhante?
- Sim, respondeu-me rapidamente, quando trabalhava com crianças pequenas no primário. Quando havia mudança de tempo, eles ficavam impossíveis. Não tinha como mantê-los quietos e era preciso levá-los ao pátio.
- Lembro-me do joelho operado que ainda não estava curado. Era o melhor termômetro que prognosticava a mudança de tempo. Antes que ele ficasse revolto, já sentia incômodo nele. Isto me levava a intuir que existe alguma relação entre o ambiente, o clima e o que nos ocorre. Como se a eletricidade atmosférica penetrasse em nosso corpo.
- Já pensou nisto, sugeri que o fato de ser 14 de fevereiro estavam esperando para sair e para celebrar o dia dos enamorados aqui na Espanha?
- Não creio. Ainda são adolescentes. Como se fora pouco, nesse mesmo dia, tive de atender uma mãe que se pôs a chorar porque não encontrava modo de dominar o seu filho. Ele não lhe dava a menor importância. Fiquei ali tentando ser mediadora entre mãe e filho. Este lhe respondia de maneira ofensiva e não podendo com ele, recomendei que o colocasse no internato. De verdade, foi um dia horrível.

Nunca teria relatado tal fato, nem teria pensado mais nele, se, nesse mesmo dia, ao redor da meia-noite, enquanto jantava com uns amigos, vi que começava a chover granizo. Granizo no inverno? Pelo que se sabe, isto representa uma inversão climática na atmosfera, indicando uma mudança rápida de temperatura que é o que converte a gota em granizo. E, em toda mudança, seja física, mental ou climática, produz-se energia. Evidentemente, existia na atmosfera uma mudança climática que havia sido detectada por aquelas pessoas que dispõem de menos recursos de controle emocional, assim como esses adolescentes com necessidades especiais. Desta maneira, clima, ambiente, organismo, emoções, controle comportamental etc. não são conceitos ou fenômenos isolados, mas existem entre eles relações importantes. Sabemos que os elementos climáticos, tais como: temperatura, umidade do ar, pressão atmosférica, direção e velocidade dos ventos, atuam diretamente sobre as pessoas e produzem sensações de frio, de calor, de pressão e outras mais. O ser humano influi e é influenciado pelo meio.

2.2   Reflexão formativa

A palavra ecologia, alcunhada por Ernst Haekel em 1866, é utilizada para denominar o estudo das inter-relações entre plantas, animais e entorno. Hoje, segundo Thomas Moore (1997), essa palavra se converteu em um termo de grande conteúdo indicando o impacto que causa a cultura humana sobre o mundo natural. A palavra ecologia deriva da palavra grega *oikos* que significa casa e *logos*, tratado ou estudo. Efetivamente, a ecologia é o estudo de nossa casa, a biosfera, o espaço em que habitamos. É um novo campo da ciência que estuda as relações entre os seres da natureza e o meio onde vivem, a interdependência dos diferentes processos, o diálogo entre seres viventes e não viventes, ou seja, o diálogo no seio de um ecossistema.

O conceito de ecossistema, para Edgar Morin (1998), supera e integra as noções de meio ambiente e entorno, significando o conjunto de interações que ocorrem no seio de uma unidade geofísica determinada e que contém diversas populações viventes e que, por sua vez, constitui uma unidade complexa de caráter auto-organizador. Assim, para ele, o entorno deixa de representar uma unidade unicamente territorial para converter-se em uma unidade auto-organizadora, conhecida como ecossistema. A ecologia é, portanto, a ciência das interações organizadoras entre cada um e entre todos os elementos integrantes do ecossistema.

Para Leonardo Boff (1993), ecologia é a ciência que estuda a arte das relações e dos seres relacionados, sinalizando que, do ponto de vista ecológico, tudo que existe, na verdade, coexiste. Tudo se encontra em relação e nada existe fora das relações, o que nos leva a perceber que este termo vai além dos seres vivos, além do mundo natural, abarcando também a mente, a cultura e a sociedade. Desta compreensão, resultam os termos ecologia cognitiva, ecologia da mente, ecologia social ou ecotecnologia.

O meio ambiente é o conjunto de condições e influências externas que afetam os organismos vivos, como pessoas, animais e plantas e outros como rios, mares e montanhas. Alguns autores consideram o planeta como um organismo vivo, reconhecendo a inseparabilidade existente entre o planeta e a vida.

Foi isto que o bioquímico James Lovelock (2000) propôs ao criar a sua teoria GAIA. Em 1979, ele chegou à conclusão de que a Terra funciona como um sistema integrado e é capaz de regular o meio ambiente para surgimento e manutenção da vida. Para tanto, ela utiliza mecanismos de autorregulação, como acontece com a temperatura da superfície terrestre que permanece mais ou menos constante, apesar das variações externas de temperatura. Essa visão ecossistêmica da Terra como um sistema vivo, onde a troca de matéria e energia se processa em ciclos contínuos, vem gerando ou orientando uma série de estudos e pesquisas importantes nas últimas décadas, nas quais também se discute o papel ou a função que cabe a nós, seres humanos, como parte desta totalidade.

Assim, a natureza é o conjunto de elementos que nos envolve e possibilita a nossa existência. O contexto familiar no qual cada criança vive é determinante de muitos de seus comportamentos. O meio escolar formata um currículo oculto de estímulos mais ou menos formativos. O meio social em que nós vivemos, as relações e amizades que vamos estabelecendo influem em nossa forma de pensar, de sentir e atuar, ou seja, tudo quanto nos rodeia, inclusive no próprio processo de gestação no ventre materno, se converte em estímulos que vão conformando a nossa personalidade, o nosso desenvolvimento mental e criativo, ao interagir com as qualidades internas, capacidades, predisposições e inclinações da pessoa. Somos fruto de um sistema de inter-relações entre o mundo interior e o exterior. Daí que o físico, o psíquico, o espiritual não são tão contrários como nos tentaram fazer crer, mas são dimensões complementares que, juntas, possibilitam a vida.

O ambiente é constituído por um conjunto de elementos físicos, biológicos, socioeconômicos e culturais que interagem de forma contínua. Pessoas e grupos humanos estão imersos em uma rede de interações onde qualquer modificação, em algum de seus elementos, repercute nos demais, fazendo com que cada um interaja a seu modo, se relacione com o ambiente de determinada maneira, seja pelo ar que se respira, pelo pensamento viajante, pelo imaginário do poeta ou pelos diferentes fluxos energéticos, materiais e informativos que nutrem a teia de relações que existe no micromundo das partículas atômicas ou no macromundo das diferentes moléculas.

Na realidade, participamos de uma grande dança universal contida no canto dos pássaros tecendo cada manhã, na dança das abelhas que polinizam a vida, na sinfonia das águas aprisionadas no grão de areia; enfim, participamos da grande dança universal entretecida na eternidade do aqui e do agora. Cada coisa tem o seu sentido, tem a sua razão de ser e de existir e participa a seu modo da grande festa universal, revelando, de uma maneira ou de outra, que somos todos cúmplices de algo neste mundo.

A mensagem que queremos transmitir nesta primeira reflexão é que o ser humano e o meio natural no qual ele se desenvolve se complementam, se enriquecem e se necessitam mutuamente. Desde a visão ecossistêmica, o meio não somente é um espaço de livre disposição mas também um ambiente cheio de possibilidades que podem ser aproveitadas ou, contrariamente, ele também poderá voltar-se contra nós, como veremos mais adiante. O meio natural é um bem que nos enriquece, mas que, se inadequadamente utilizado, pode se converter em uma praga. A partir desta perspectiva, podemos considerar o meio como um aliado importante de todo processo de formação.

Bronfenbrenner (1987), um dos autores pioneiros que fundamenta o paradigma ecológico concebe o ambiente como algo que vai mais além da conduta individual, incluindo os sistemas funcionais, sistemas que também podem modificar-se e expandir-se, ao contrário do olhar redutor do cientificismo positivista que somente considera significativo o que se pode controlar. Destaca as potencialidades do ambiente e do ser humano ao responder de maneira construtiva e não destrutiva. Ao destruir o seu meio natural, o seu entorno, é como se o ser humano destruísse a parte externa de sua habitação. Acaba também se autodestruindo. Ao contrário, se ele se vale deste meio e contribui para o seu equilíbrio de forma sustentável, se beneficia da água, da vegetação, dos mares e rios, dos climas e da produção agrícola e da pecuária.

Para Bronfenbrenner (1987), o desenvolvimento humano compreende o estudo da progressiva adaptação mútua entre o ser humano ativo, em desenvolvimento, e as propriedades mutantes dos ambientes nos quais se vive, enquanto este processo é também afetado pelas relações que se estabelecem entre estes ambientes e o contexto maior no qual o sujeito está inserido. Se fizéssemos um corte dos componentes de nossa personalidade, ou seja, nossos hábitos, crenças, atitudes, valores e conhecimentos, veríamos que todos eles têm a ver com os ambientes naturais, com a cultura dominante, com as formas de nos alimentarmos, de nos vestirmos, de utilizarmos o nosso tempo livre, com os meios familiar e escolar, com as nossas relações pessoais.

Assim, a formação ecológica nos proporciona uma visão mais ampla da humanidade, ultrapassando o olhar estreito e redutor presente nos interesses particulares. É também um modo de estimular os valores da generosidade e da filantropia, abrindo-nos em direção a horizontes sociais e humanitários mais amplos, mais de acordo com as demandas presentes e futuras.

Não é exagerado afirmar que o futuro da humanidade depende mais das relações que estabeleçamos com o meio do que dos próprios avanços científicos. O respeito ao meio natural, às leis que o regulam, é determinante para poder seguir desfrutando e nos beneficiando da paisagem que nos cerca, da pesca, da agricultura, das reservas naturais e da estabilidade climática. Não fazê-lo assim, seria como se provocássemos desajustes e pragas como as que podem decorrer de uma industrialização que agride o meio natural de forma permanente. O meio natural é um bem, é uma benção, mas o seu uso inadequado pode converter-se em algo destrutivo. Vejamos, como exemplo, os setes bens e as sete pragas ou agressões contra o meio ambiente e que são provenientes da industrialização.

Uma visão surpreendente e enriquecedora da natureza é a concepção dinâmica e criativa do físico Gerd Binnig (1996), prêmio Nobel de Física de 1996. Ao interpretar a teoria da evolução com a inovadora teoria dos *fractais*, Binnig conseguiu não somente explicar o desenvolvimento humano na Terra mas também descrever processos semelhantes em relação à matéria. G. Binnig entende a evolução como um processo criativo, reconhecendo-a como qualidade criativa pertinente a qualquer sistema capaz de desenvolver-se, crescer, gerar transformações. Embora não compartilhemos de sua concepção de criatividade, a não ser como simbolismo (da mesma forma como qualificamos de instrutivo ou didático a um aparelho ou mecanismo), não deixa de ter um grande interesse desde as modernas concepções integradoras.

Uma coisa é evidente, a criatividade é abertura, indeterminação e contribuição valiosa. Portanto, em sistemas, modelos ou currículos fechados, predeterminados, prefixados, não é possível falar de criatividade. Ao contrário, a natureza está estruturada, assim como um idioma. Os elementos menores (letras ou fonemas) se unem para formar palavras, frases, pensamentos, livros. Cada elemento é parte de uma totalidade maior. E uma língua viva sempre está em desenvolvimento. Binnig afirma que a criatividade consiste em possibilitar novas unidades de ação. (1996:35)

O importante desta concepção é que nos faz reconhecer a natureza como sendo algo vivo, que interage com o ser humano, como um sistema que entra em relação com os nossos sistemas biológico, psicológico, social e cultural e possibilita o nosso desenvolvimento como pessoa. Esse é o mistério da natureza. Daí o respeito e a consideração de nossa parte. Destruí-la é destruir-nos um pouco a nós mesmos.

É esse conceito ecológico da vida que, de certa maneira, traduz o pensamento do chefe Seattle que, em 1852, o expressou ao ter de entregar as terras de seus ancestrais aos colonizadores brancos. Suas palavras memoráveis ainda ecoam por todo o planeta e vale a pena recordá-las:

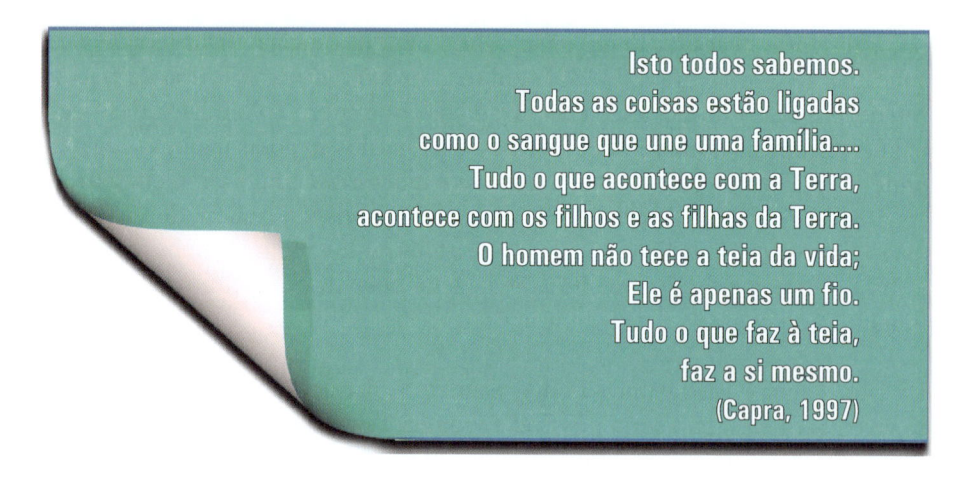

> Isto todos sabemos.
> Todas as coisas estão ligadas
> como o sangue que une uma família....
> Tudo o que acontece com a Terra,
> acontece com os filhos e as filhas da Terra.
> O homem não tece a teia da vida;
> Ele é apenas um fio.
> Tudo o que faz à teia,
> faz a si mesmo.
> (Capra, 1997)

2.3   Os sete dons da natureza

A natureza nos oferece os elementos básicos para podermos sobreviver no planeta Terra. Ela nos proporciona:

1. água e oxigênio;
2. recursos energéticos;
3. matérias-primas;
4. caça e a pesca;
5. fertilidade do campo;
6. paisagem natural;
7. equilíbrio ecológico.

Façamos um breve comentário a respeito de cada um.

1. Água e oxigênio. O ser humano, ao longo de sua história, tem buscado viver e se assentar onde existe água suficiente para abastecer a si mesmo e à sua família. Os primeiros povoados, as cidades e as indústrias depois têm florescido às margens dos rios, dos lagos ou das encostas e quando não era possível, transpunha-os ou construíam poços. Não existe uma só cultura florescente que não tenha necessitado da água. Talvez uma das mais antigas tecnologias aplicadas ao cultivo era a do "Sukokollus", considerado uma forma de riacho (ou de irrigação) subterrâneo encontrada na cultura pré-colombiana de Tiwanaku, na Bolívia. Constitui um sistema de irrigação em gotas naqueles lugares onde a água era escassa. Em culturas tão exuberantes como a mulçumana, a água é parte da vida, dos ritos religiosos, dos jardins, da riqueza de um povo que soube valorizar a água mais do que nenhum outro, pois conheceu a sua escassez no deserto. É a quantidade de água doce disponível no planeta que influencia ou controla a distribuição das espécies naturais.

De fato, a água e o oxigênio são dois elementos naturais imprescindíveis para se viver. Sem eles, não seria possível a vida na Terra. Mas, assim como o oxigênio, ainda, existe em quantidades suficientes para não se ter de lutar por ele, o mesmo não ocorre com a água doce que, cada vez mais, se converte em um recurso escasso e precioso. A Engenharia, por sua vez, busca soluções para armazenar, conter e transportar a água de uma região para outra. Entretanto, o ciclo da água, desde a sua evaporação até o seu retorno ao mar, representa a não existência de perdas. Sabemos que a quantidade de água existente na

Terra é considerada mais ou menos constante. O que varia são as proporções existentes nos estados sólidos, líquido e gasoso e as suas formas de armazenamento. Não seria o homem que desequilibraria todo esse processo? Seja como for, este processo é um exemplo de como a natureza possui mecanismos de fertilização sustentável mediante a evaporação, a formação de nuvens, de chuvas, riachos que vão formando os rios para, depois, voltarem novamente a nutrir os subsolos e os mares de onde sairão mais uma vez em função dos ciclos hidrológicos.

Poucos são os que têm consciência de como é a distribuição da água no planeta em termos de estados e qualidades. De acordo com Menegat (1998), do volume total de água existente, 97,25% são de água salgada dos oceanos e apenas 2,75% correspondem à água doce existente no planeta. Desta, 2,14% encontram-se armazenado no estado sólido das geleiras e na calota polar. O que resta de água doce no estado líquido (0,61%), a maior parte está no subsolo (0,595%) em profundidades de até 5km. Apenas 0,009% correspondem às águas dos rios e lagos, e 0,004% estão presentes nos solos.

O oxigênio, que precisamos para respirar, encontra-se na atmosfera. As condições atmosféricas de temperatura, vento, umidade, chuva estão mudando constantemente. Mas o ser humano também pode contribuir para contaminar a atmosfera que respiramos.

2. Recursos energéticos. A natureza nos oferece uma infinidade de recursos energéticos, recursos carregados, plenos de potenciais ativos, isto é, com possibilidade para gerar trabalho, atividades, mudanças, impulsos transformadores. A mudança é uma característica essencial do meio ambiente, da vida, bem como do processo de desenvolvimento das pessoas e da sociedade.

A energia é essencial para a existência, é princípio de vida. O processo da vida se baseia na utilização, acumulação e transformação de energia. As plantas, por exemplo, transformam energia solar em energia química que empregam no seu crescimento e na sua reprodução. Os animais herbívoros utilizam parte da energia acumulada pelas plantas para a sua nutrição, enquanto outra parte se dilui em forma de calor.

As formas de energia que podemos encontrar na natureza são variadas. Podemos falar de energia térmica, como a produzida pelo sol, pelas plantas, pelas fermentações; de energia eletromagnética, como a lua ou o magnetismo; da energia cinética como a produzida pelos organismos vivos. Também falamos de energia atômica que se encontra na natureza de certos corpos radioativos, podendo ser aumentada até limites inacreditáveis e utilizada na propulsão de artefatos de grandes dimensões. Mas, além destas manifestações físicas de energia, falaremos de outros tipos de energias, como a psíquica radicada na mente humana e que pode exercer influências nos outros ou em nós mesmos, afetando a nossa saúde física. A energia mental é, todavia, um campo pouco explorado, mas que produz efeitos surpreendentes que se manifestam ao se somatizarem certos desajustes e transtornos afetivos. De certa maneira, a existência da vida pressupõe troca de energia.

Alguns recursos energéticos oferecidos pela natureza são a água, o calor do sol, o vento, o fogo, a brisa do mar, e, no subsolo, contamos com extraordinários recursos, como o gás, o petróleo, os gêiger, as águas termais para não falar em outros tipos de energia.

A água é a primeira fonte de energia de que se vale o *homo sapiens* para se deslocar aproveitando as correntezas dos rios, sendo também utilizada para mover moinhos, turbinas e outros tipos de artefatos. A água natural, além de satisfazer as nossas necessidades, nos oferece uma energia limpa e sem contaminação, embora também possa ter um efeito destruidor quando não é controlada, da mesma forma que o fogo. A isto nos referiremos depois, ao descrever situações nas quais se convertem também em pragas e desastres.

Na natureza, encontramos uma ampla gama de recursos geradores de energia que tem possibilitado o progresso da humanidade. Sem eles, não seriam concebíveis, primeiro, a técnica, depois a industrialização e os movimentos dos satélites e foguetes interplanetários das últimas décadas. Os recursos energéticos, depois da água e do oxigênio, são os bens mais preciosos para se construir o mundo que, hoje, conhecemos e o que seguiremos descobrindo. A energia é o oxigênio do desenvolvimento.

A energia solar é sem dúvida um potencial limpo e saudável. A fonte de energia fundamental da maior parte dos ecossistemas é a luz solar. Tal energia impulsiona o movimento das grandes massas de ar, das mudanças climáticas, dos ciclos hidrológicos, das correntes oceânicas, possibilitando a vida na Terra, bem como o crescimento das plantas e da vida humana. O sol oferece a maior parte da energia calórica utilizada pelos seres vivos. As experiências de sua utilização doméstica, nas últimas décadas, estão convertendo-a em uma alternativa em relação às energias do subsolo. E é bom que seja assim, pois estas são limitadas. A energia solar é a energia do futuro.

O vento ou a brisa do mar é um tipo de energia natural que alguns povos primitivos já utilizavam para extrair água dos poços ou para deslocar objetos de um lugar para o outro. Hoje, utiliza-se também para gerar corrente elétrica, por meio de geradores, ali aonde as instalações elétricas não podem chegar, produzindo a chamada **energia eólica**.

Os diferentes tipos de energia que nos brinda a natureza têm sido decisivos para o progresso humano. Nunca teríamos evoluído tanto tecnologicamente se não tivéssemos disponíveis essas energias. E mais, toda tecnologia depende de energia e de matéria-prima. Sem energia e matéria-prima, não haveria tecnologia nem existira civilização. Vejamos, pois, o papel desses bens extraordinários que são as matérias-primas.

3. Matérias-primas. Recursos energéticos e matérias-primas são como o cimento e a areia que, quando estão juntos, produzem uma mistura firme e consistente. Cada um deles, separadamente, pouco significa, mas, quando unidos, criam obras valiosas de arquitetura, progresso e civilização. O mesmo acontece com os produtos naturais ou cultivados quando se lhes aplica uma energia transformadora.

Da mesma maneira que o ser humano precisa alimentar-se para sobreviver, uma civilização, comunidade ou país precisa de matérias-primas para alcançar certo grau de desenvolvimento e autonomia. As matérias-primas são os materiais que existem na Terra, algumas vezes em estado natural e outras mediante cultivo. Talvez seja o caso também dos minerais energéticos, como o gás, o petróleo ou os metais preciosos. Outras vezes, trata-se do cultivo de produtos alimentícios que, ao serem transformados, tornam possível a subsistência de mais de 6.000 milhões de seres humanos no planeta Terra.

Sem as matérias-primas, sem esses bens oferecidos pela natureza, seria muito difícil compreender a industrialização e o avanço tecnológico, já que o corpo de cada produto é constituído de materiais. É como a massa para o pão. Sem massa, não existiria pão. Em todo produto transformado, encontramos três elementos básicos: a ideia humana, a matéria de base e o instrumento, a energia ou o maquinário que o tornou possível. Assim, pois, toda transformação material requer energia física e mental, requer criatividade.

Durante mais de um século e meio, desde que se iniciou a industrialização no século XVIII, a riqueza de um país vem sendo medida pelo valor de suas matérias-primas. Um país, com grandes recursos em matérias-primas como é o caso do Brasil, é considerado potencialmente rico. A matéria-prima é o valor principal da industrialização, e a economia de mercado se baseia na transação de produtos. Entretanto, conforme avançamos até a terceira onda (nas palavras de Alvin Tofler), cada vez se confia mais no potencial criativo das pessoas, dos recursos humanos, que são os que promovem a transformação. Toda essa mudança vem acontecendo a partir do descobrimento de alguns materiais radioativos e condutores. O engenho e a criatividade humana têm convertido as enormes possibilidades desses materiais em uma nova sociedade: a sociedade da informação. Não é incrível que um simples material adequadamente tratado possa transforma tão radicalmente os hábitos e costumes de milhões de pessoas? A matéria-prima, apesar de sua importância, não é nada sem a inteligência criadora do ser humano.

Na era das telecomunicações, onde a matéria-prima é muitas vezes intangível, o que conta é a capacidade comunicativa, indagadora, observadora e criativa. A inovação constitui um pilar da nova sociedade da informação. "**A inovação**, afirma J. Majó, **é a capacidade de transformar o conhecimento em bem-estar**". Estamos entrando em uma época na qual os serviços estão acaçapando tantos os postos de trabalho como os de produção.

A natureza continua nos oferecendo os bens básicos. Mas é preciso saber utilizá-los para o progresso e o bem-estar, tanto individual como coletivo.

4. A pesca e a caça como bens de subsistência. Antes de o ser humano se tornar consciente do valor dos materiais ocultos na Terra, olhou ao redor e encontrou a água para beber e os alimentos do campo e das águas para comer. A pesca, possivelmente, foi a primeira fonte de alimentação, além dos produtos animais. E, desde então, nunca mais faltou alimento nos mares e rios para abastecer a população até que o excesso de pesca, em proporções superiores à reprodução, pusesse em perigo muitas espécies.

A origem da vida está ao lado da água. As primeiras culturas surgiram nas bordas dos rios, lagos e mares e viveram da água, ou seja, da pesca. De fato, pesca é um dos bens naturais que foi industrializado mais cedo para que os alimentos pudessem ser conservados por mais tempo. A dissecação, primeiro e, depois, o congelamento do pescado em alto-mar nos permitem comê-lo em qualquer época do ano. Logo falaremos das pragas que prejudicam este precioso bem. Junto com a pesca, a caça é outra tradicional e primitiva forma de subsistência humana. Os primitivos moradores da Terra caçavam para alimentar-se e vestir-se. Era a lei da vida. Fazia parte da cadeia ecológica. Quando se rompe esse equilíbrio entre reprodução e eliminação, produz-se a perda desse bem dificilmente recuperável.

5. A fertilidade do campo. As matérias e os elementos que nos proporcionam o meio natural são, e seguiram sendo, decisivos para a vida humana. Os alimentos vindos do campo são materiais de primeira necessidade e não podemos prescindir deles. Em todo caso, é preciso planejar a sua distribuição para que se possa abastecer a população com menos recursos. Mas se, no passado, muitos elementos eram consumidos em sua forma natural, hoje, graças às tecnologias de conservação e de armazenamento, podem ser consumidos muito tempo depois de sua colheita. Pensemos nas frutas, verduras e em outros alimentos.

A agricultura revolucionou as formas de vida. Enquanto a caça e a pesca favoreciam a mobilidade em busca de alimentos, a agricultura gerou uma cultura que permitiu o assentamento, a permanência e, talvez, algumas mudanças nos hábitos de reprodução e o surgimento do sedentarismo. Seja como for, o certo é que graças à agricultura, de agressor o sujeito se converteu em defensor da natureza e de imigrante se transformou em sedentário em decorrência da estabilidade capaz de afiançar novos valores culturais.

O cultivo das plantas trouxe consigo algo mais que alimentos e melhorias nas formas de se viver. Comportou também novos hábitos de relacionamento, de celebrações e melhores moradias. Representou uma etapa decisiva no desenvolvimento da humanidade em muitos aspectos positivos. O campo tem passado por diversos períodos e crises, incluindo a atual desertificação da terra, mas ele não deixa de ser um bem de primeira grandeza para a produção de alimentos. A maior parte dos alimentos vem da terra e da água. O que fazer para que não se estraguem?

6. A paisagem natural é importante para poder desfrutar do nosso tempo livre, seja na montanha ou no mar. Nem tudo se constitui em atividade produtiva. Obtidos os recursos básicos para a sua sobrevivência, o ser humano é capaz de ocupar o seu tempo em atividades prazerosas, de descanso ou de recuperação, de uma maneira mais consciente e planejada. Uma das qualidades humanas pouco destacadas é precisamente a sua capacidade para se divertir, para compartilhar e desfrutar de espaços, obras e de tudo aquilo que produz prazer estético. A contemplação de uma paisagem natural é, sem dúvida, uma das atividades mais relaxantes e reconfortantes para o espírito humano. O poema do início pretende mostrar o impacto da beleza natural no ser humano. É um bem estético e expressivo que favorece a dimensão contemplativa e espiritual do ser humano.

O planeta nos oferece inumeráveis e extraordinárias paisagens de beleza natural, seja do mar, da montanha, dos prados e ribeirinhos, bem como do nascer e do pôr de sol. Quão diferente é desfrutar de um ambiente verde e frondoso ao lado de um rio, a vê-lo queimado depois de um incêndio! O tempo de férias e descanso, de viagens e passeios, além de serem importantes para o equilíbrio pessoal, o é também pelos postos de trabalho que proporcionam e pelos recursos que geram para a comunidade. Tomar consciência da importância do contexto onde se vive é o primeiro passo para se aprender a cuidá-lo.

7. **Equilíbrio ecológico.** Embora pudéssemos falar de muitos outros benefícios gratuitos que a natureza nos oferece, para terminar, nos referiremos a outro aspecto cujo desconhecimento trará graves consequências em termos de conservação. A lição mais sábia que podemos aprender da natureza é a proporção, a medida e o equilíbrio. A natureza é como uma balança.

A exploração abusiva de animais, plantas ou peixes termina por fazê-los desaparecer gerando prejuízos para os seres humanos. Existe um razoável equilíbrio ecológico que permite a coexistência entre as espécies, de modo que umas se necessitam e se complementam com as outras. Se algo caracteriza o desenvolvimento natural das espécies é sua capacidade de adaptação às condições ambientais. Este desempenho genético é o que permite a sobrevivência das espécies ao longo dos séculos.

Como atua o homem diante de tão exuberante oferta de bens? No geral, abusando deles, tratando de apropriar-se de um modo ou de outro, destruindo o seu equilíbrio. Entretanto, existe uma corrente teórica e prática que trata de levar adiante planejamento de explorações agrícolas que permite a sustentabilidade. Referimo-nos à **permacultura**.

A **permacultura** constitui uma filosofia sobre a natureza caracterizada pela criação de sistemas ecologicamente sadios, economicamente viáveis, capazes de satisfazerem as nossas necessidades, de maneira respeitosa com as pessoas, com os recursos e com o meio ambiente. São sustentáveis, a longo prazo. Esta concepção não somente se refere aos cultivos, mas às formas de viver e conviver. A **permacultura** ocupa-se, sobretudo, do planejamento de assentamentos humanos sustentáveis. Trata de aproveitar o uso intensivo da terra, os microclimas, as plantas, os animais e as necessidades humanas. É um sistema de produção e de planejamento baseado na máxima relação entre todos os elementos do sistema visando ao abastecimento e à preservação dos recursos para as próximas gerações.

Se a natureza é generosa conosco, sejamos também com ela. Agora compreendemos melhor a frase inicial de Louise Hay. Agradeça à natureza sua generosidade e abundância. Ela nos proporciona maravilhosos furtos para alimentar bem o nosso corpo e lindas paisagens que nutrem a nossa alma.

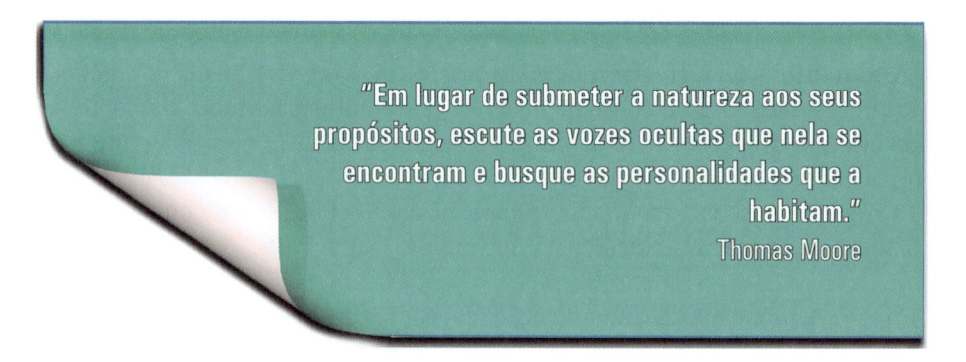

> "Em lugar de submeter a natureza aos seus propósitos, escute as vozes ocultas que nela se encontram e busque as personalidades que a habitam."
> Thomas Moore

2.4 As sete pragas provenientes do abuso contra a natureza

A natureza encerra a sabedoria dos ritmos de desenvolvimento e mudança. Quando o ser humano rompe bruscamente as suas cadeias, interfere nesses processos, desequilibra e altera o seu funcionamento e esse meio natural se deteriora. Quando a chuva cai suavemente, penetra na terra e a fertiliza. Se pelo contrário, cai em forma de tormenta, arrasa e destrói tudo quanto encontra no seu caminho. O mesmo acontece com o fogo, com a agricultura, a pesca e a caça. Isso é o que se passa quando o ser humano tenta explorar de forma desmedida os bens naturais. Certamente, quando alguém busca enriquecer-se de maneira apressada, isto sempre acontece, prejudicando ou explorando gravemente outras pessoas. A natureza nos ensina ritmos, processos e momentos de espera que devem ser respeitados. A não observação desses aspectos traz consigo risco de converter em praga (no sentido figurado), ou em destruição, o que é um bem coletivo.

Como consequência do fato de se colocar o poder e os valores econômicos de exploração rápida na frente dos valores éticos e morais, são gerados, em ocasiões, desequilíbrios que trazem consigo consequências negativas para a conservação do meio ambiente e, portanto, para uma vida saudável. A seguir, assinalaremos alguns perigos que nos alertam sobre a deteriorização do meio ambiente, da natureza e da vida nela contida:

1. Contaminação terrestre
2. Contaminação atmosférica
3. Incêndios florestais
4. Degradação do meio
5. Esgotamento dos recursos naturais
6. Desertificação
7. Catástrofes

1. A contaminação terrestre, por meio da presença indiscriminada de esgotos não processados, é uma consequência nefasta da industrialização descontrolada que não respeita o bem comum. Ao se poupar o custo de sua depuração, provocam-se desastres ecológicos com a morte de animais e se coloca em perigo a vida das pessoas. A contaminação é uma ação nefasta sobre a qual deveria existir uma consciência cidadã para que pudesse ser evitada.

Outro grave problema de contaminação tem como causa os acidentes ocorridos no mar, isto é, com a maré negra, devido aos acidentes no transporte de petróleo. Tais acidentes são provocados, na maioria das vezes, por descuidos, negligências, por falta de cuidados na manutenção dos navios transportadores de petróleo.

Mas a contaminação não somente afeta os dejetos líquidos mas também os gasosos que contaminam a atmosfera e a poluem, prejudicando, assim, o rendimento do trabalho e a saúde. Possivelmente, algumas das enfermidades de nossos dias têm a ver com essa contaminação de bebidas, de alimentos, de radioatividade e da atmosfera que altera alguns organismos de maneira lenta, assim como a gota que, pouco a pouco, fura o granito.

2. Contaminação atmosférica e destruição da biosfera. A poluição é a contaminação atmosférica que tem importantes repercussões sobre a saúde humana, pelo fato de respirarmos essas substâncias nocivas. Em essência, a contaminação consiste na acumulação de substâncias ou gases nocivos, em quantidades tão grandes que não podem ser absorvidas ou recicladas.

O ar das zonas urbanas e industriais está carregado de impurezas provenientes da atividade industrial, transporte, uso doméstico, como os aerossóis, calefatores etc. As principais substâncias que dão origem à poluição são os gases sulfurosos, monóxidos de carbono, aldeídos, óxidos de nitrogênio, hidrocarbonetos não queimados totalmente, assim como as indústrias químicas. Tomar consciência deste fato é o primeiro passo para se adotar medidas de prevenção.

Sabemos que a contaminação atmosférica pode ter graves consequências para a saúde humana. "A névoa de contaminação", ocorrida no inverno de 1952, causou em Londres mais de 4.000 mortes. A bronquite crônica, a asma e outras enfermidades respiratórias estão relacionadas com a contaminação atmosférica. Muitas cidades se encontram em ambientes contaminados devido à sua situação geográfica. Outros gases são responsáveis pela destruição da camada de ozônio na atmosfera e também pela geração do "efeito estufa" devido à radiação solar que atravessa a atmosfera desprotegida, aquecendo-a. O ozônio, além de afetar a vegetação, provoca um envelhecimento precoce do ser humano e diminui a sua resistência às infecções respiratórias.

Outros gases como o dióxido de carbono (CO_2) se transformam em ácido sulfúrico na atmosfera gerando a "chuva ácida" que produz a corrosão de metais, inclusive, do mármore. O monóxido de carbono gerado pela combustão incompleta, que não é percebido pelos sentidos, causa perturbações na vista e diminui os reflexos, em particular nas crianças. Altos índices de monóxido de carbono têm sido causa de numerosos acidentes, segundo Menegat (1998).

A combustão de petróleo e de outros combustíveis fósseis, assim como os incêndios florestais, podem chegar a produzir o "efeito estufa", que consiste no aquecimento das camadas inferiores da atmosfera e da Terra.

3. Os incêndios florestais intencionais, ocorridos nas últimas décadas, são agentes destruidores do meio ambiente mais imediato e do equilíbrio atmosférico. Os incêndios destroem não apenas as plantas mas também facilitam a erosão do solo, provocando o aparecimento de desertos e mudando o microclima e o ecossistema. Cada ano desaparece milhares de hectares de bosques devido a incêndios provocados pela mão criminosa do homem, superando, assim, o próprio desflorestamento para a coleta de madeira. Os incêndios têm um poder devastador que vai mais além de sua ação imediata. Tem um poder destrutivo que se prolonga no tempo.

Os incêndios ocorridos recentemente na Austrália nos dão ideia dos efeitos devastadores do fogo sobre uma dada região ou país. Às vezes, ocorrem involuntariamente devido aos descuidos ou à falta de precauções quando não se apaga o fogo acesso no campo. As consequências de tais ações são insuspeitáveis, não somente pelo prejuízo econômico mas também pelos danos sociais que provocam.

4. Degradação ambiental por meio de dejetos. Uma terceira praga que deteriora o meio ambiente e a paisagem natural é a grande quantidade de dejetos e esgotos produzidos pela indústria e pelo consumo de produtos próprios da vida moderna. Os alimentos com envoltórios derivados de petróleo aumentam de forma alarmante. Estes dejetos decorrem tanto do processo de produção como de sua utilização posterior. Alguns deles são altamente nocivos, como os radiativos e esgotos contaminadores. Todos nós, de certa maneira, contribuímos para degradar o meio ambiente quando não recolhemos os dejetos em lugares destinados para tal fim. Quando lançamos as pilhas de nossos aparelhos em saco de lixo normal, estamos deteriorando também o ambiente. **"Os sistemas naturais, dos quais a humanidade depende, está se desmoronando. Reduzem-se os bosques, aumentam-se os desertos, o solo é destruído e tudo isto num ritmo excessivo."** (BROUN, L. e outros, 1992)

A coleta diferenciada do lixo é uma medida oportuna e necessária para que se possam reciclar uns e destruir outros. Neste sentido, a educação cidadã muito contribuirá para a melhoria da qualidade de vida do meio ambiente.

5. A diminuição e o esgotamento de recursos naturais como a pesca, a caça, o gado e as matérias-primas do subsolo devem ser compreendidos como um aviso à necessidade de se regular a sua exploração. O abuso exploratório, com propósito de um rápido enriquecimento, é contrário ao princípio da sustentabilidade ecológica de tais bens. Sabemos que as matérias-primas são limitadas e que é preciso regular a sua extração se quisermos continuar dispondo delas no futuro. A respeito dos bens alimentícios procedentes da caça e da pesca, alguns indivíduos, em certas ocasiões, têm se portado como uma verdadeira praga que coloca no limite a extinção de determinadas espécies com a finalidade de obter suas carnes, peles e marfins. Podem ser consideradas como uma praga industrial as ações devastadoras do homem em relação aos recursos naturais à medida que priva a sua utilização às futuras gerações.

As reservas naturais da Terra não são renováveis e se estão esgotando em função do uso descontrolado, tanto os minérios como as comunidades vivas de animais e vegetais. A diminuição da fauna marinha e o esgotamento das riquezas oceânicas são devidos a uma superexploração provocada pela pesca intensiva.

Além da diminuição de plantas e animais, o restante dos recursos da biosfera, e, concretamente, os recursos energéticos resultam preocupantes, pois líquidos como a água é imprescindível à vida. Hoje, já existe uma consciência de que a água é um bem escasso e que é preciso protegê-la e socializá-la.

6. A desertificação e a mineralização do campo, por excessivo esgotamento da terra devido às ações climática e humana vão degradando a terra produtiva em milhões de quilometros. Da mesma forma que os seres vivos se esgotam quando submetidos a um trabalho excessivo, as terras, quando submetidas a uma excitação produtiva, também acabam diminuindo os seus nutrientes orgânicos. O estresse humano é um exemplo de um efeito desta sobrecarga. O fato é que a natureza tem também suas leis de equilíbrio, o seu tempo de regeneração mediante período de descanso da terra. Pois bem, o abuso permanente da adubação mineral no lugar da adubação orgânica acaba esgotando o húmus ou a camada produtiva da terra.

A desertificação pode ter uma origem climática, mas também o homem está contribuindo para mineralização da terra mediante o uso exclusivo de adubos minerais. O desflorestamento, as superexplorações agrícola e pecuária acompanhadas de técnicas de cultivo inadequadas, a erosão e a salinidade podem converter, em pouco tempo, um solo fértil em deserto. O que se percebe é que a ação humana pode chegar a ser mais devastadora que as próprias condições climáticas.

A **conferência sobre a desertificação** que aconteceu em Nairobi, em 1977, foi uma chamada de atenção à consciência mundial. A seca de Sahel, no Saara, provocou, mais ou menos, uns 200.000 mortos e estendeu o deserto em direção ao sul. Estudos desenvolvidos, em conferências posteriores, apontaram que, em países semiáridos e secos, a cada ano, seis milhões de hectares de terra cultivável perdem sua capacidade produtiva.

7. As catástrofes provocadas por enchentes, secas, ciclones e variações atmosféricas constituem um risco incontrolável de desgaste e deterioração da camada produtiva da terra, ao lado de outras desgraças pessoais. As construções e moradias feitas nas chamadas zonas de risco quase sempre afetam as camadas sociais menos desfavorecidas. Assim, esses desastres naturais ocasionados por terremotos, tornados, ciclones, chuvas torrenciais acabam afetando com maior frequência a quem carece de recursos, devido às condições precárias de suas moradias e o lugar onde as construíram.

Entretanto a inteligência e a criatividade humana pode converter-se em catástrofes naturais ou enchentes em ocasiões de melhoria, modernização e até celebrações festivas, como é o caso da cidade de Blumenau. Uma cidade que sofreu várias enchentes em diferentes ocasiões, desde sua origem em 1852, e se converteu em uma cidade de grande beleza e de maior atração turística, como acontece durante as festas do Octoberfest. É um exemplo de como a ação criadora do ser humano pode converter a catástrofe em melhorias para a população.

Se bem é verdade que os desastres naturais sempre existiram e continuarão existindo, o que se observa é que, no último século, talvez como consequência das alterações atmosféricas, inversões climáticas, chuva ácida, eles têm aparecido com muito maior frequência, contribuindo, assim, para a deteriorização ambiental.

Não é propósito de este trabalho ensinar a respeito de cada um desses perigos ou "pragas", mas alertar os educadores e estudantes sobre o perigo a que estaremos submetendo a sociedade futura se não adotarmos as medidas preventivas necessárias. Uma informação muito mais completa e diversificada poderá ser encontrada em livros ou mesmo na Internet. Entretanto, é prioritário se promoverem atitudes e valores a respeito, não somente em relação aos possíveis danos pessoais mas também aos prejuízos que poderão ser causados à vida animal e vegetal. Todos fazem parte de um mesmo ecossistema do qual o ser humano é a parte reconhecida como a cabeça. E esta não deveria prejudicar nenhuma parte do restante do corpo.

A destruição do meio ambiente devido a alguns dos motivos anunciados e a outros não expressados representa, além de um dano material, uma diminuição na qualidade de vida ambiental. Não somente vivemos na natureza, mas **de** e **com** a natureza. A qualidade de nossa vida depende da qualidade dessas relações. É por isso que a educação ambiental necessita de maior atenção por parte de todos. É preciso melhorar a qualidade da educação que vem sendo oferecida. Este trabalho pretende contribuir neste sentido por intermédio da integração de informações, de música, imagens, bem como de outros recursos informatizados, como é o caso da própria utilização da Internet para se fazer pesquisa a respeito deste tema, isto é, a integração do cognitivo, do afetivo e do conotativo ou do plano das decisões. Pretendemos, com isso, despertar o ser humano para sentir, pensar e atuar de forma comprometida com a vida, com a evolução do universo, com a melhoria da qualidade das relações entre os seres que habitam este mesmo planeta. É importante lembrar que estamos todos em um mesmo barco e que, como seres vivos, temos uma casa comum. Daí a importância de saber conservá-la, de cuidá-la da melhor maneira possível, pois todos, sem exceção, dependemos dela!

2.5   A educação ambiental

Com esta epígrafe, estamos somente tentando recolher algumas indicações pedagógicas para os educadores interessados em sensibilizar em valores relacionados ao meio ambiente. O meio ambiente, do ponto de vista educacional, não é unicamente uma questão de conhecimento, senão também de atitudes, valores e hábitos. Todos sabemos a respeito dos resultados benéficos e nocivos dos nossos atos, o que serve e o que não serve. Inclusive, acreditamos nisto. A dificuldade maior está na maneira de se levar à prática esses conhecimentos e crenças.

O meio ambiente é mais que um tema de conhecimento. É antes de tudo um valor social e educacional de enorme transcendência para a sobrevivência individual e coletiva dos sistemas vivos e que precisa ser levado em consideração desde os primeiros anos de escolaridade. Não é suficiente abordar apenas nos programas de ciências naturais ou sociais como um conhecimento a ser agregado. Deveria também estar presente nos projetos educativos de maneira central e fazer parte dos valores a serem transmitidos de maneira transversal. Em nossa opinião, deveria se constituir em um eixo central do currículo a ser explorado de maneira interdisciplinar. Como valor, requer um tratamento que vai além da informação no sentido de promover no ser humano uma postura interna de reverência pela vida, ao perceber que a vida no planeta depende também da participação de cada um de nós. Quem respeita a vida não a destrói, não a mutila nem a condena.

Explicitaremos, a seguir, alguns objetivos que podem servir de referência à educação ambiental para o Ensino Fundamental e Ensino Médio, tendo como pretensão a possibilidade de que possam ser compartilhados em cada centro ou unidade educacional e constituir parte importante de um projeto educacional.

Assim, é preciso:

- a) sensibilizar a respeito do valor do meio ambiente e de sua importância no desenvolvimento e bem-estar sustentável da sociedade;
- b) desenvolver ações em sintonia com uma visão ecossistêmica a respeito do nosso entorno;
- c) gerar atitudes de respeito e cuidado com as plantas, com os animais e com o meio ambiente;
- d) adquirir hábitos de conservação do meio ambiente e de economia de energia, evitando ações deteriorantes e de contaminação;
- e) conceber o meio e a cidade, em particular, como espaços relacionais e ambientes de aprendizagem.

Os objetivos podem ser tão numerosos e concretos quanto desejarmos. O importante é tomar consciência de que estamos diante de um valor importante que influi em nossas vidas e, sobretudo, na vida dos nossos descendentes. Tomar consciência do poder que tem o ser humano de intervir e transformar a natureza, de interferir em toda organização viva, de provocar efeitos sobre todos e, em especial, sobre o futuro do planeta. É preciso chamar a atenção de que, como todo poder, o seu exercício pode dirigir-se tanto à destruição como à criação. A decisão depende de cada um de nós.

A educação ambiental ou educação ecológica é um tema do presente e do futuro, portanto constitui propósito fundamental de uma educação ambiental formar pessoas que respeitem à vida, que compreendam as diferentes formas de interdependência existente entre os seres que habitam o planeta para que todos se sintam responsáveis pela vida na Terra, em todas as suas manifestações.

Por outro lado, vale a pena observar que, cada vez mais, ocorrem experiências que reconhecem a cidade como um espaço educativo. De fato, isto já ocorria antes entre os gregos, quando eles enfeitavam as cidades de estátuas e monumentos para transmitir ao cidadão o amor pela arte, pelo esporte e os próprios valores. As diversas experiências desenvolvidas neste sentido em Barcelona expõem de cara o potencial educativo da cidade, não somente como lugar de vida e de encontros mas também como espaço gerador de atitudes e valores de convivência, tolerância e respeito.

No Fórum sobre Escola e Cidade, celebrado em Barcelona em 2002, destacou-se a importância das relações entre escola e cidade, como sendo algo fundamental. Entre outras razões, pelo fato de o estudante vivenciar, dentro e fora da escola, a aventura da construção de sua própria identidade. A cidade pode contribuir proporcionando, por meio do clima e da própria cultura, experiências enriquecedoras de limpeza, de colaboração, de convivência, nas quais é possível coexistir apesar das diferenças religiosas ou culturais. A multiculturalidade e o meio ambiente são valores vivenciados mais no espaço urbano que dentro da própria escola.

Sendo a cidade ou o povoado o lugar onde passamos a maior parte de nossa existência, ela deveria reunir as condições ambientais e de saúde mais desejáveis de modo que o que defendemos em relação à natureza, em geral, também seja encontrado na cidade. Um dos inimigos ou "pragas" mais perniciosas de algumas zonas urbanas é a contaminação. Muitas vezes, estamos contribuindo para que ela ocorra de modo inconsciente. Na canção "Mi ciudad", cantada pela espanhola Cecília, contrapõe-se uma cidade cheia de ruídos, odores e contaminação a uma outra enfeitada com árvores e flores, com crianças jogando futebol e com velhos tomando banho de sol nos bancos das praças e jardins. A cidade é, assim, um lugar para se viver, conviver e desfrutar.

Apontamos, a seguir, algumas **estratégias** e **recursos** para integrar ciência e vida na sala de aula, visando ao desenvolvimento de atitudes, de valores e hábitos de conservação e respeito ao meio ambiente e de amor pela vida.

> a) **Exploração do meio em que vivemos**. Estas estratégias e atividades podem ser realizadas em grupo e, logo depois, ser comentadas em classe. De fato, não é preciso deslocar-se para se tomar consciência de que o meio ambiente pode ser estudado em nossa própria escola ou centro e, inclusive, a partir de nossa própria casa. Trata-se de constatar o que se observa no centro, nos pátios escolares ou nas classes. Por exemplo, a iluminação desnecessária, o desperdício de água, o estado dos serviços prestados, os materiais da sala de esportes, o estado dos corredores e as papeleiras, as pilhas retiradas dos

aparelhos, o cuidado com a horta, caso existe. Como é possível de se ver, não são poucos os elementos que podem servir de referência para se gerarem hábitos de cuidados das coisas comuns. É este o início de uma formação cidadã para se viver (conviver).

- **b) Exploração do entorno imediato.** A observação do bairro com suas lojas, seus serviços de consumo e lixos pode ser uma outra fonte importante de aprendizagens úteis. Muitas vezes, diante da necessidade de um determinado produto, desconhecemos se existe e onde fica a loja próxima para adquiri-lo. Assim, pois, esta estratégia ou atividade oferece uma dupla vantagem. Constatar a cultura ecológica e ambiental dos costumes e os materiais utilizados em nosso ambiente imediato, ao mesmo tempo, dispor de informações úteis aos interesses coletivos.

- **c) Exploração do ambiente próximo.** Outra estratégia é promover a observação ecológica do ambiente. Isto tem muito a ver com os hábitos de limpeza, com o desperdício de água e luz e o evitar ruídos na cidade. Para tanto, cada grupo decide o que vai observar e elabora um plano para levá-lo adiante. Alguns dos aspectos a serem considerados podem ser a limpeza das ruas, a existência ou não de ruídos, a contaminação, a limpeza dos supermercados, a "casa" dos cachorros, as luzes acesas durante o dia, o estado das lixeiras, a diversidade dos contêineres e os seus estados, bem como o estado das praias e dos campos. A realização desta atividade possibilitará, além da observação, a valorização crítica, a criação literária, a comunicação, a consulta bibliográfica e a pesquisa pela Internet, bem como a realização de entrevistas com outras pessoas.

- **d) Exploração do ambiente** mediante a observação do meio ambiente durante as excursões e saídas fora da cidade. Não resulta difícil introduzir uma reflexão e chamada de atenção sobre o que estão vendo no campo quando ao passarem de trem ou de ônibus. Quem já visitou países, como, por exemplo, a Áustria, em seguida se conscientizou da diferença de uma cultura na qual tudo parece estar planejado, desenhado e cuidado com todo esmero e um outro qualquer cheio de lixo, de esgoto a céu aberto, de animais soltos na rua, sem que isto os incomode. As curvas de níveis e a limpeza do mato em algumas faixas entre as plantações, os aceiros, podem contribuir, facilitar ou impedir a expansão dos incêndios.

e) Uma outra forma de construir conhecimento a respeito dos valores ambientais é documentar-se a partir de publicações divulgadas na imprensa a problemática local, nacional e internacional, bem como de informações que circulam pela Internet, pelo rádio e pela televisão. Os meios de comunicações são o eco da sociedade. Ouvir e debater sobre isto ajuda muito mais que o mero estudo acadêmico.

2.6   Aplicações didáticas

1. Planeta Água. O livro *"El Água. Guia para a educação ambiental"* começa com um relato interessante referente ao monastério de Leyre, na Comunidade de Navarra (Espanha) que diz assim: **"Os seus relatos o fazia submergir no oceano para sentir-se logo como gotas de água confundidas com outras milhares de gotas. Aquele estranho personagem o transportou como em um sonho a outra dimensão espacial de onde podiam contemplar a mais preciosa joia do espaço que nunca poderia imaginar. Uma camada cambiante de água gasosa envolvia um maravilhoso e belo planeta. Como em um jogo, se esconde e se descobre, de maneira alternada, distintas porções da superfície, quase sempre de um azul radiante.** "O personagem, dizem, não deixava de maravilhar-nos, mas ao final se despediu de nós dizendo-nos: Estou preocupado; as criaturas mais inteligentes do planeta estão utilizando irresponsavelmente a base de sua própria sobrevivência: a água. Muito provavelmente seu futuro está em perigo. Água, este e não outro será o nome que, desde hoje, se deveria dar a este planeta que vocês teimam em chamar de Terra".

Agora, imagine que você seja uma gota de água que corre frenética junto com outras mil gotas arrastadas pela correnteza em uma inundação, atravessando campos, rios, fábricas, bueiros, represas, lagos, torrentes e rios até terminar enredada no cabelo de uma divertida e linda banhista (ou de um atraente rapaz) em uma praia conhecida. Diante de seu olhar atônito, a gota cobra vida e se converte novamente na pessoa que você é. A atividade termina com a explicação do relato em sala de aula. Se gostou desta atividade, descreva-a.

2. Explorando a natureza das coisas. Em grupo, escreva quantas coisas lhe ocorra sobre a água, os seus usos e abusos, estados, temperatura, experiências e lugares nos quais podemos encontrá-la. Para lhe facilitar a busca, procure se guiar por esta lista abaixo, ou em grupo, construa uma outra que lhes seja interessante.

- Estados
- Temperatura e efeitos
- Lugares onde se encontra
- Experiências
- Movimento
- Química e compostos
- Uso doméstico
- Uso industrial
- Uso agrícola
- Uso divertido

Qual é a diferença entre se referir à água com sendo uma fórmula química de $H2O$ e o fato de considerá-la como sendo uma substância vital? Lembre-se de que o conhecimento científico não é a única forma de se referir a temas como o meio ambiente, os sentimentos, a felicidade, a criatividade ou qualquer outro tema acadêmico. Existe um modo muito mais vital, afetivo e comprometido de se referir a tudo aquilo que estudamos. Procure descobri-lo!

3. Comentário sobre a sociedade da informação e a natureza. Comente esta frase de Joan Majó (2002), tendo como referência a sociedade da informação. **As novas tecnologias fazem parte da vida, do ambiente em que vivemos. Como compatibilizar as novas tecnologias e o meio ambiente?** Procure chegar a uma informação que seja impactante sobre a relação e a coexistência entre ambos conceitos.

Estamos entrando em uma sociedade na qual as organizações irão lhes cobrar a inovação como elemento de progresso e às pessoas será pedida a capacidade de pensar, decidir, inovar e criar em todas e em cada uma de nossas atividades diárias e não somente no momento em que existe uma criação artística ou científica.

4. Planejamento ecológico da exploração de recursos. Imagine e desenhe um plano de aproveitamento de recursos naturais no âmbito que você mais goste, inspirado na filosofia da **permacultura**. Pense, por exemplo, em um jardim com muitas variedades de plantas, no jardim que um dia você gostaria de cuidar ou desfrutar de sua beleza. Pense também naquele jardim municipal que alguma vez você viu e que lhe causou tristeza e pena ao vê-lo tão descuidado e destruído. Comente a respeito de muitos serviços públicos, nos quais grandes somas de recursos são investidas e, logo depois, o abandonam à sua própria sorte por falta de cuidados e manutenção.

Deixamos à sua consideração alguns princípios da Permacultura.

- Utilizar o mínimo de espaço disponível
- Alta biodiversidade ou variedades de plantas favorece a polinização
- Seleção de plantas mais adaptáveis
- Diferentes usos de elementos ou recursos

Outros aspectos a serem levados em consideração são: a trajetória do sol, os tipos de sombras, de ventos, de drenagens, de solos, de água, de correntezas etc.

5. Aplicação na vida cotidiana. Discutir a dupla vertente, como indivíduos potencialmente contaminadores de objetos abaixo listados e, ao mesmo tempo, faça uma proposta de uso construtivo.

- Vasos e invólucros plásticos e metálicos
- Jogos de plásticos
- Pilhas descartadas
- Caixas de papelão, de jornais e papéis
- Eletrodomésticos quebrados
- Móveis fora de uso

6. Qualidade de vida supõe qualidade ambiental. Analisar os indicadores abaixo listados e agregar outros que tenham a ver com ambientes que favoreçam uma melhor qualidade de vida ambiental. Cruzar alguns desses conceitos e inventar, se possível, uma estória com alguns dos conceitos listados e que, por sua vez, podem converter-se em personagens.

- Contaminação do ar
- Contaminação da água
- Qualidade da água disponível
- Nível de ruídos
- Espaços verdes na zona
- Conservação de edifícios
- Limpeza de ruas
- Contêiner e lixeiras públicas
- Estado das estradas
- Transporte público
- Tempo gasto em transporte
- Tempo de ócio ou descanso
- Esperança de vida
- Prática de esporte
- Qualidade de alimentação.

O docente pode agregar outros conceitos que relacionem meio ambiente e qualidade de vida.

REFERÊNCIAS

AEDENAT. **Vivir mejor, destruir menos**. Madrid: Fundamentos, 1991.

BOFF, Leonardo. **Ecologia, mundialização, espiritualidade**. São Paulo: Editora Ática,1993.

BROWN, Louise y otros. **La salvación del planeta**. Barcelona: Ediciones Apóstrofe, 1992.

CAPRA, Fritjof. **A teia da vida**. São Paulo: Cultrix/Amana,1997.

CATALÁN, Alberto; CATANY, Miguel. **Educación ambiental en la enseñanza secundaria**. Madrid: Miraguano Ediciones, 1996.

Gobierno de Navarra. **El agua**. Guía para la educación ambiental. Pamplona: Dpto de Ordenación del Territorio, 1989.

LOVENLOCK, James. **Gaia**: um modelo para a dinâmica planetária e celular. *In* Gaia: uma teoria do conhecimento. (org.) William I. Thompson. São Paulo: Editora Gaia, 2000.

MENEGAT, Rualdo y otros. **Atlas ambiental de Porto Alegre**. Porto Alegre/RS: Editora da UFRGS, 1998.

MOORE, Thomas. **El placer de cada día**. Barcelona: Ediciones B, 1997.

MORIN, Edgar. **El método**: la vida de la vida. Madrid: Ediciones Cátedra, 1998.

SOSA, Nícolas. **Etica ecológica**. Madrid. Libertarias, 1994.

3. Situação didática: a paz

Maria Cândida Moraes

3.1 Cenário para sentipensar

*"O mais perfeito ato do homem é a paz,
e por ser tão completo, tão pleno em si mesmo,
é talvez o mais difícil."*
Gandhi

*A harmonia ambiental supõe tolerância, respeito,
igualdade social, cultural, de gênero
e aceitação da biodiversidade.*
Gutiérrez & **Prado**

ORAÇÃO DE SÃO FRANCISCO

Senhor,
fazei-me um instrumento de vossa paz.
Onde houver ódio, que eu leve o amor;
Onde houver ofensa, que eu leve o perdão;
Onde houver discórdia, que eu leve a união;
Onde houver dúvida, que eu leve a fé;
Onde houver erro, que eu leve a verdade;
Onde houver desespero, que eu leve a esperança;
Onde houver tristeza, que eu leve a alegria;
Onde houver trevas, que eu leve a luz.

Ó Mestre,
Fazei que eu procure mais consolar, que ser consolado;
Compreender, que ser compreendido;
Amar, que ser amado,
Pois é dando que se recebe,
É perdoando que se é perdoado,
E é morrendo que se vive para a vida eterna.

Procure contemplar um belo quadro marinho, uma bela paisagem ou uma cena singela. Escute uma música suave e relaxante que o convide a olhar para dentro de si.

Quando a adversidade se faz presente em sua vida, quando as coisas não saem como você deseja, quando o medo da morte e da destruição ameaça a sua paz interior, lembre-se desta história que nos conta Mitch Albom, em seu livro **"A última grande lição"**:

> "Havia certa vez uma pequena onda saltitante no oceano, divertindo-se a valer. Estava apreciando o vento e o ar fresco – até que se deu conta das outras ondas na frente, arrebentando-se na praia.
>
> – "Meu Deus, que coisa horrível", diz a pequenina onda. "É isso que vai acontecer comigo!"
>
> – Aí chega a outra onda. Vê a primeira, que está triste, e pergunta: "Por que você está triste?"
>
> – "Você não está entendendo", diz a primeira onda. "Vamos todas nos arrebentar! Nós todas vamos acabar em nada! Não é horrível?"
>
> – Responde a segunda onda: "Não, você é que não está entendendo. Você não é uma onda, você é parte do oceano."
>
> – Parte do oceano – diz. – Parte do oceano..."

É um lindo relato para **sentipensar** sobre a adversidade e atrair a paz interior.

> *"Posto que as guerras nasçam na mente dos homens, é na mente dos homens que devem erigir-se os baluartes da Paz."*
>
> **Constituição da UNESCO**

3.2 Reflexão formativa

3.2.1 O que é a paz?

A paz é um **estado de espírito** a ser conquistado. Não é uma doação e a ela não se chega por instinto. Entretanto, sabemos que este conceito é insuficiente para defini-la, pois a paz é também um **processo dinâmico** que exige a participação integral do indivíduo na sua conquista.

Na realidade, a paz é um fenômeno de natureza multidimensional e que exige, para a sua melhor compreensão, uma consciência também ampliada. Implica não apenas a relação do indivíduo consigo mesmo mas também com os outros, bem como com a própria natureza e com o contexto onde vive. Sua presença em nossas vidas envolve todas as dimensões da natureza humana.

Pierre Weil (1990) concorda que a Paz exige uma visão mais abrangente para a sua melhor compreensão. Para ele, seria uma visão holística que exige a sua compreensão a partir de uma perspectiva não fragmentada. Para tanto, seria necessário, segundo Weil, uma teoria não fragmentada do espaço (energia) e que levasse em conta o ser humano, assim como a sociedade e a natureza. Tal compreensão nos revela que a Paz é produto da ecologia interior, da ecologia social e da ecologia ambiental, como três ecologias em constante interação. Para ele, a paz é, ao mesmo tempo, felicidade interior, harmonia social e relação equilibrada com o meio ambiente. Assim, não pode haver paz verdadeira no plano pessoal quando se sabe que a miséria e a violência reinam no plano social ou que a natureza nos ameaça com a destruição porque nós a devastamos. É o que está acontecendo, por exemplo, nos incêndios destruidores que assustam não apenas os moradores de São Diego, na Califórnia, mas também de todo o restante do mundo.

A Paz revela, portanto, um estado de harmonia interior e de plenitude em relação à vida, onde os sentimentos de alegria e de amor podem se expressar livremente. Em uma visão mais abrangente, a paz tem tudo a ver com o princípio da unidade, com a visão unificadora que nos une à natureza e, ao mesmo tempo, que nos une aos demais seres que habitam este planeta. É a visão fragmentada do real que nos leva a uma visão também fragmentada dos processos de paz, como veremos mais adiante.

Sabemos que nosso mundo interior é reflexo do nosso mundo exterior, pois ambos estão dinamicamente relacionados e conectados. Energeticamente, estão acoplados. Isto também nos leva a compreender que as mesmas leis que regem a natureza e a vida deveriam ser as mesmas leis que orientam as nossas relações com os demais seres com os quais compartilhamos e desfrutamos dos mesmos recursos finitos.

Muitas vezes, associamos a Paz às imagens de lagos plácidos, de um céu azul límpido e sem nuvens ou mesmo à imagem de uma casinha em um belo campo florido ou a uma vida tranquila em uma pequena cidade do interior. De uma maneira ou de outra, todos nós temos alguma imagem representativa de nossa Paz interior, social e ambiental. Estas imagens representam as visões de como concebemos a associação existente entre a ecologia interior e a ecologia exterior e revelam a nossa compreensão de que a paz implica tranquilidade e ausência de movimento. De certa maneira, esta compreensão ingênua revela o contrário do que a ciência hoje nos informa a respeito de um mundo em movimento constante. Para Leonardo Boff, a paz, nada mais é do que o reflexo de um aparente **equilíbrio em movimento**. (BOFF, 1991)

Não seria este conceito que melhor expressaria o significado de paz proposto por Gandhi com sua mística da não violência ativa? A não violência ativa não seria o ponto do equilíbrio em movimento? Se a Paz é equilíbrio em movimento, fica mais fácil perceber o quanto dela nos distanciamos, tendo em vista a existência atual de tantos desequilíbrios de natureza ecológico-ambiental, econômico e social. São inúmeros os problemas perturbadores da ordem e da Paz mundial neste início de século. Como podemos ter paz de espírito vivendo no meio de tantos conflitos?

Não seriam os valores absolutos da verdade e da não violência professados por Gandhi que poderiam ser considerados como expressão do equilíbrio do movimento? Rejeitando a violência física e a violência do espírito, não estaria Gandhi em busca do equilíbrio e da paz interior e exterior? Não seria também esta mesma compreensão que estaria implícita na Oração de São Francisco de Assis? O que posso fazer para ser um instrumento da Paz? Como posso levar o perdão onde existe ofensa? Como posso levar alegria onde houver tristeza? Tristeza, desequilíbrio, sofrimento e ofensas não seriam expressões da falta de harmonia e de equilíbrio?

Ao rezarmos, pedindo a Deus que nos faça um instrumento de Sua Paz e mensageiros do Seu amor e do Seu perdão, não estaríamos sendo instrumentos do equilíbrio em uma realidade em movimento? O amor, o perdão, a fé, a união, a verdade, a esperança, a alegria e a luz não seriam diferentes manifestações do equilíbrio em movimento? Quem é um instrumento de Paz não estaria sendo também um instrumento do equilíbrio e da esperança? Uma pessoa pacificada, cheia de bem-aventurança, não seria uma fonte de equilíbrio, harmonia e paz para a humanidade?

Ao vivenciar a Paz no dia a dia, o indivíduo irradia alegria e bem-aventurança; irradia bondade, amorosidade, cordialidade e generosidade. Para irradiar algo, é preciso estar impregnado daquilo que se irradia, daquilo que se expande além de nós mesmos, que se revela de dentro para fora a partir do que acontece no seu espaço interior. Como podemos ser instrumentos da Paz neste mundo sofrido, cheio de conflitos e violência?

Outro aspecto importante é a percepção de que a paz é algo vivenciado de dentro para fora. Algo que nasce e acontece em nosso interior. Nasce de dentro para fora, embora reconheçamos a existência de uma relação vital entre paz interior e paz exterior. Uma depende da outra. Uma está sempre interagindo com a outra, em um processo contínuo e ininterrupto. É no interior de cada um de nós que percebemos a sua valiosa presença. Podemos até reconhecer que ela está presente em nossa casa, em nossas relações familiares e no pequeno mundo que nos rodeia. Mas se ela não habita o nosso espaço interior, certamente sentiremos ainda mais a sua ausência.

Se pela Biologia, os seres humanos fluem de acordo com as circunstâncias que os rodeiam, ou seja, de acordo com a sintonia do campo energético e vibracional com o qual estamos biológica e naturalmente acoplados, é então, possível compreender que a nossa paz interior depende também das nossas relações com o mundo que nos cerca, depende da qualidade de nossas relações com o meio ambiente e com as pessoas mais próximas. Ela é fruto da paz e da harmonia que sentimos interiormente, da paz com o nosso corpo, da ausência de conflito interior, mas também da paz e da harmonia existente em nossos relacionamentos com a natureza e com o mundo em que habitamos. Isto nos leva a compreender que, como humanidade, estamos todos dentro de um mesmo barco e que a nossa paz interior depende da paz social, confirmando mais uma vez que a nossa evolução espiritual é também um processo de coevolução, é um processo de comunhão com os demais seres com os quais nos relacionamos.

Esta compreensão está perfeitamente de acordo com o nosso pensamento ecossistêmico, pois a Paz é, ao mesmo tempo, resultado de um estado de espírito interior, de uma harmonia geral, de um estado de harmonia social a partir da resolução pacífica dos conflitos e da harmonia com a natureza. (WEIL, 1990)

3.2.2 Separatividade e ausência de Paz

Neste mundo conturbado e sofrido, por onde será que ela anda? Onde estão as raízes da falta de Paz interior, da falta de Paz social, ecológica e planetária? Como ocorrem os processos de destruição da Paz?

Estaremos nos referindo à paz interior, à paz do corpo e do coração, à paz ambiental, à paz social e política. Todas elas à luz do paradigma ecossistêmico. O contrário da paz é a desarmonia, a tensão, a ruptura ou fragmentação, a violência, o conflito e a guerra.

Anteriormente, observamos que a Paz tem como base fundacional o **Princípio da Unidade** e a compreensão do funcionamento integrado da dinâmica da vida e do universo. Se a Paz está articulada à visão de unidade, de união, de integração, quais são as consequências de sua negação ou destruição? Será que a negação do princípio da unidade não estaria na base da falta de Paz? Até que ponto a ilusão da separatividade ou da fragmentação não seria uma das possíveis causas da falta de Paz? Será que o desejo, a inveja, a ganância, o ciúme e o apego não seriam também outras possíveis causas de destruição da Paz interior, da paz social e da Paz ecológica?

Pierre Weil (1990), em seu livro sobre **A arte de viver em Paz**, pergunta: Como nasce a guerra no espírito dos homens? Para ele, a guerra emerge, primeiramente, no nível dos nossos pensamentos e das nossas emoções, ou seja, emerge a partir do espírito. Depois, a guerra e o conflito vão se instalando nas células do nosso corpo, envolvendo os planos mentais, emocionais, físicos e volitivos. Segundo esse autor, é a partir da fantasia da separatividade, ou seja, de nossa separação em relação ao mundo exterior, que se reflete na falta de compromisso do sujeito com a sua realidade, que a guerra nasce na mente dos homens.

Ao mesmo tempo, o sujeito separado do mundo e da realidade que o cerca tem também a mania de se sentir dono das coisas e de se apegar a tudo que lhe dá prazer, rejeitando tudo aquilo que lhe causa sofrimento. Ao mesmo tempo, este sujeito é indiferente a tudo que não lhe dê prazer. Nós, seres humanos, buscamos o prazer, a alegria e a felicidade no mundo exterior, principalmente, nas coisas que estão fora de cada um de nós. Para Pierre Weil, o problema não estaria na busca do prazer, mas, sim, nos tipos de relações que estabelecemos com os objetos e com as pessoas que nos dão prazer, alegria, conforto, segurança e bem-estar.

Assim, acreditando na separatividade, o sujeito se apega aos objetos, às pessoas e às ideias que lhes dão prazer, segurança, conforto mental e emocional. Ao estar apegado e desfrutando de algum tipo de prazer, o sujeito tem medo de perder aquilo que ingenuamente pensa "possuir". Seria o medo da perda, o problema do apego que, segundo Weil, criaria emoções destrutivas como a inveja, o orgulho ferido, a depressão, a ganância e a desconfiança, além de outras emoções negativas.

Essas emoções negativas vão aos poucos minando a resistência do sujeito, levando-o ao estresse, ao sofrimento moral e à dor física. Para ele, tudo isto estaria na raiz de tanta violência e, respeitando as devidas proporções, também estaria na perda da Paz interior, da Paz social, da Paz ambiental e da Paz Mundial.

É o desejo insaciável ou o excesso de apego às coisas e às pessoas que produz ansiedade, intranquilidade, desconforto, sentimentos de inferioridade e falta de Paz. Não conseguindo realizar os seus desejos, o sujeito se sente infeliz, inquieto, agoniado e passa a disputar a "posse dos objetos". Daí a frustração, a violência e as diferentes formas de agressão a si mesmo, aos outros e à própria natureza. É o desejo frustrado de posse, de domínio e de poder sobre pessoas e coisas que está na raiz de tanta violência neste mundo.

No que se refere à Paz ambiental e à Paz mundial, percebemos que fica cada dia mais difícil ignorar a problemática que envolve a sua ausência. Onde estão as raízes de todos esses problemas? Uma delas certamente está na ganância e na voracidade cada vez maior daqueles que, de uma maneira ou de outra, tem um certo poder e, ao mesmo tempo, tem medo de perdê-lo. E, assim, tentam conservá-lo a qualquer custo.

Embora reconheçamos que o desenvolvimento científico e tecnológico, bem como o crescimento econômico dos países continua sendo motores do desenvolvimento do século XX e XXI, reconhecemos também os inúmeros problemas pela evolução tecnológica e pela globalização. São problemas relacionados ao desemprego crescente, à desigualdade econômica e à exclusão social cada vez maior, às disputas comerciais entre os países, aos movimentos migratórios nacionais e internacionais e à degradação ambiental cada vez mais grave.

Por outro lado, o mercado internacional da droga, o aperfeiçoamento do crime organizado e o aumento do seu poderio vêm também se transformando em algo absolutamente insuportável à vida nas grandes cidades. É a supervalorização do dinheiro e do poder externo que este lhe confere, associado ao consumismo crescente e excessivo, bem como à necessidade da posse exagerada de bens materiais caminhando lado a lado a uma crescente desvalorização da vida. Tudo isto vem corroendo a natureza humana, destruindo a qualidade de vida do planeta e provocando processos que levam à destruição individual, social e planetária.

Além de todos esses aspectos, estão também presentes, como grandes problemas atuais, a destruição dos recursos físicos do planeta e a ameaça crescente aos sistemas biológicos sustentadores da vida. Existe todo um sistema de alerta informando que estamos operando nos limites suportáveis da capacidade operacional do nosso planeta Terra. E, nem por isso, tomamos maiores cuidados e reduzimos a virulência de nossas ações e pretensões, bem como não diminuímos os nossos desperdícios. Continuamos destruindo a qualidade de vida no planeta, mesmo sabendo que a continuidade das ações humanas sobre a atmosfera, a água e os demais recursos naturais, certamente, terá consequências graves e imprevisíveis sobre o planeta.

Estamos também nos esquecendo de que um clima ecologicamente desordenado tende a provocar problemas e desordens não apenas no que se refere à saúde e à vida das pessoas mas também em relação à produção mundial de alimentos e a sobrevivência da humanidade. Para alguns, poderá apenas significar uma pequena alteração em sua dieta alimentar, o que até poderá ser saudável e agradável. Mas, para milhões de outros seres humanos, a falta de alimentos poderá se constituir em uma tragédia de dimensão catastrófica, podendo, inclusive, significar a destruição e a morte de milhares de pessoas por inanição, além de mudanças no mercado de trabalho e a presença de condições de vida sub-humanas em grande parte do planeta.

Como resgatar a Paz individual, a Paz nacional e mundial a partir desse labirinto em que, como humanidade, nos metemos? Como conseguir viver com melhor qualidade de vida? Como conseguir viver em paz, se o outro ao nosso lado está morrendo de fome? Como ter paz, se os nossos filhos estão desempregados e com medo de serem mortos nas esquinas da cidade grande? Como ter paz se, no caminho da escola, eu posso ser assaltada?

Sabemos que esses problemas de natureza sistêmica são difíceis de serem resolvidos, ainda mais quando ficamos paralisados pela impotência, pelo medo ou pela desesperança. De uma maneira ou de outra, é preciso começar a agir e não esperar que o outro faça alguma coisa para, então, começar a fazer a parte que lhe cabe. Precisamos desenvolver uma inteligência coletiva, rever as nossas crenças, resgatar valores universais, considerar as diversas alternativas e fazer escolhas conscientes e responsáveis. Ao mesmo tempo, é preciso continuar cultivando sonhos, esperanças e utopias que nos ajudam a seguir em frente e a realizar aquilo que nos corresponde nesta vida.

3.2.3 A arte de viver em Paz

Para Ubiratan D'Ambrósio (1998), o triângulo da vida estaria sendo representado pela dinâmica existente entre o indivíduo, a sociedade e a natureza como uma totalidade planetária e cósmica. Estes três elementos, indivíduo, sociedade e natureza são mutuamente essenciais e complementares. Para ele, a **"vida significa a resolução deste triângulo indissolúvel"** (D'AMBRÓSIO, 2003:3). Nenhum dos três elementos tem significado sem os demais.

Figura 8:
Tríade da vida, dinâmica entre indivíduo, sociedade e natureza.

Fonte: Própria

A indissolubilidade das relações entre estes três elementos, por sua vez, ratifica o nosso entendimento de que a Paz do indivíduo depende da Paz social e da Paz ambiental, tendo em vista a interdependência sistêmica dos processos que os constituem. Se este triângulo representa a dinâmica da vida, então a PAZ também depende das relações complementares entre seus elementos constituintes.

Da mesma forma, Pierre Weil representa a sua visão holística da **Arte de Viver em Paz** (WEIL, 2000), como se fosse uma RODA que integra no seu interior uma representação dinâmica desta mesma tríade. São estes os elementos basilares que a constitui e os fundamentos de sua proposta, como pode ser observado na figura abaixo. (WEIL, 2000: 184)

Figura 9:
Roda da tríade da dinâmica estrutural à vida. Visão holística da Arte de Viver em Paz.

Fonte: Própria

Para ele, o círculo vicioso, autorreforçador da destruição do homem e da vida planetária, estaria no desequilíbrio existente nas relações entre esses três elementos. Estaria, assim, no desequilíbrio da ecologia da natureza que, por sua vez, ameaçaria o equilíbrio humano que, por sua vez, ameaçaria o equilíbrio da sociedade. Para esse autor, a visão holística de sua **Arte de Viver em Paz** revela a existência dessas três ecologias e de três tipos de consciência. A Paz Individual corresponde à ecologia interior do indivíduo e à sua consciência pessoal. A Paz Social é representada pela ecologia social e a consciência planetária. A Paz Ambiental corresponde à ecologia da natureza e retrata a expressão da consciência ambiental da humanidade.

Para Pierre Weil, o sistema como um todo retrataria a consciência universal, holística e transpessoal. No seu centro, estaria a própria consciência do universo. Segundo ele, o planejamento de uma proposta de **Educação para a Paz** deveria ser estruturada a partir desses três níveis.

3.3   Ecologia e Paz interior

Como dissemos anteriormente, a ecologia interior é fruto das relações do indivíduo consigo mesmo e com o ambiente em que vive. Reflete suas relações com o próprio corpo, a maneira como o sujeito trabalha suas próprias emoções e compreende os seus sentimentos e pensamentos. O **sentipensar** de cada um é um reflexo do que se passa em sua ecologia interior, em sua dinâmica interna em relação com as ecologias ambiental e social.

No plano da ecologia interior, a Paz consigo mesmo implica algo mais amplo que envolve a **Paz no corpo**, a **Paz no coração** e a **Paz de espírito** (WEIL, 1990). Da mesma forma, não existe separação nem fragmentação, mas apenas estamos tentando ampliar as possibilidades de uma melhor compreensão a respeito de cada uma delas.

a)   A Paz no corpo

Como é possível perceber a presença da Paz no corpo físico? Quando estamos mais relaxados, serenos e sem estresse. Quando percebemos que nossa energia vital está fluindo bem e que não existem bloqueios de energia sob a forma de nodos de tensão muscular ou a presença de edemas ou inchaços. Ao se desfazer esses nodos, percebe-se que a energia circula melhor, que se caminha com mais facilidade e o cansaço é menor.

Nosso corpo funciona melhor quando vivemos em equilíbrio e segundo as leis naturais de uma dieta balanceada, quando fazemos exercícios físicos e respiratórios com certa regularidade, quando dormimos bem e não temos insônia. É isto que o neuropsiquiatra David Servan-Schreiber nos ensina com o seu livro **"Curar o estresse, a ansiedade e a depressão sem medicamentos nem psicanálise"**, atual *best-seller* na França, com mais de 200 mil cópias vendidas em pouco tempo de seu lançamento. Baseado nas ideias de seu amigo Antonio Damásio, Servan-Schreiber reconhece que, em situação de estresse ou de cólera, o ritmo cardíaco se torna caótico e influi diretamente na pressão arterial, na respiração e no sistema imunológico. Isto é novidade? Não, reconhece o autor, mas o mais importante é que a ciência hoje tem provas de que isto funciona desta maneira.

Para este eminente cientista, a "paz no corpo" depende muito da qualidade de nossos pensamentos e emoções. A simples evocação de uma emoção positiva, de uma grata lembrança ou de uma cena agradável induz a uma rápida transição da variação da frequência cardíaca que retorna ao ritmo coerente, de acordo com um estudo publicado no conceituado *American Journal of Cardiology* (2003). Outro estudo interessante divulgado pela Academia Nacional de Ciências dos EUA sugere que **"a coerência cardíaca favorece o equilíbrio hormonal e que a prática diária de exercícios faz com que, após 30 dias, a taxa de DHEA (dehidro-epi-androsterona) seja dobrada. A DHEA é também conhecida como o "hormônio da juventude"**.

A boa nutrição é também, para o Dr. Servan-Schreiber, a chave do equilíbrio emocional já que as futuras células serão formadas por aquilo que se come hoje. Segundo pesquisas desenvolvidas por ele, uma dieta rica em ácido graxo Ômega 3, a longo prazo, aumenta a produção dos neurotransmissores responsáveis pelo bem-estar e pelo bom humor no cérebro emocional. Ele também reconhece que a ideia de que se pode ser curado pela nutrição não é nova. O que é novo, para ele, é a comprovação científica de que estes métodos funcionam. Servan-Schreiber ainda comenta que **"toda a gama de sintomas da depressão pode ser melhorada pela ingestão de ácidos graxos Ômega 3: tristeza, falta de energia, ansiedade, insônia, diminuição da libido e tendências suicidas"**. (Caderno Sinapse/Folha de São Paulo, 2003:13)

Enfim, tudo isto nos esclarece que a Paz no corpo depende muito de um estilo de vida saudável, de uma boa alimentação, de uma vida sem muita fadiga e sem desequilíbrios. Estresse, cansaço, excesso de peso ou desequilíbrios emocionais e hormonais diminui a resistência do indivíduo, dificultando sua resposta imunológica, deixando-o mais vulnerável às doenças e com sensações de mal-estar, tristeza, depressão e desarmonia corporal.

Quanto mais equilibrado estiver o corpo, mais em paz o sujeito se sentirá e em melhores condições de perceber níveis de energia mais elevados e sutis. Um corpo pesado, fora do equilíbrio, transforma-se em um fardo ou em uma fonte de sofrimento e angústias. Pelo fato de estar fora das expectativas, dos padrões e valores programados, o recriminamos constantemente. Se não apreciamos o nosso próprio corpo, não prestamos atenção a ele e se não o amamos, não cuidamos da forma como ele merece. A falta de unidade entre mente e corpo revela a sua não aceitação, o que, no íntimo, revela também a não aceitação de nós mesmos.

Tudo isto é fonte de desarmonia interior e, assim, deixamos de perceber o corpo como sendo algo maravilhoso, um dom que a vida nos oferece, o alicerce e a morada de nossa alma, a plataforma necessária para a nossa evolução espiritual. Tanto a vida como a evolução do espírito começa e termina a partir de nossa corporeidade. Na realidade, nunca pensamos a respeito disto. É o corpo que sustenta a vida e, para que possamos desfrutar de uma vida longa e feliz e evoluir espiritualmente, precisamos nos reconciliar o mais rapidamente com ele.

Daí a importância de se tentar superar, consciente ou inconscientemente, qualquer programação negativa que se tenha em relação ao próprio corpo. O aprender a aceitar, a respeitar e amar o próprio corpo são aspectos fundamentais para que possamos abrir um espaço para a mudança não apenas interna mas também externa. A mudança exterior é um reflexo de nossa mudança interior. É um reflexo do estado de harmonia psicossomática. Como fazer para resgatar a Paz e a harmonia com o nosso próprio corpo? Sobre isto falaremos um pouco mais adiante.

b)   A Paz no coração

Será possível estabelecer a Paz no coração? A Paz do coração é inseparável da Paz do espírito e da Paz do corpo? A Paz no coração tende a surgir quando aprendemos a "abrir o coração", ou seja, quando não estamos emocionalmente presos às coisas que acontecem no mundo à nossa volta. Quando deixamos as coisas fluírem da melhor maneira possível, sem que elas possam afetar os nossos sentimentos e desejos de Paz interior.

O que significa "abrir o coração"? Isto implica se ter um coração aberto, franco, sincero e amoroso. Quando se opta interiormente por sentir-se em Paz, independentemente dos acontecimentos exteriores.

O problema, hoje, é que a vida moderna vem valorizando cada vez mais o que está na superfície das coisas, o que é externo ao ser humano, deixando de valorizar os sentimentos e as emoções mais profundas. São poucos aqueles que procuram perceber os sentimentos e as emoções que habitam o seu centro, ou seja, aquilo que traduz a sua essência, quem ele verdadeiramente é. Desconectado de seu centro, de sua essência, a aparência do sujeito significa muito pouco. É no nosso centro que encontramos o equilíbrio necessário e nos identificamos com aquilo que verdadeiramente somos. Uma pessoa conectada com o seu interior, com o seu centro, com sua luz interior, tem mais equilíbrio pessoal e sente mais alegria de viver. Pessoas que vivem preocupadas com a exterioridade das coisas, com a sua aparência, com que os outros vão ou não pensar, estarão mais vulneráveis às mudanças e mais sujeitas aos acontecimentos externos. Pessoas mais voltadas para o seu interior, mais centralizadas, que não gostam de muita ostentação, são, na verdade, pessoas menos superficiais e com um grau de consciência mais elevado.

Assim, abrir às portas do coração significa para nós estar mais abertos e atentos aos sentimentos e às emoções que circulam dentro e fora de nós; abertos a essas correntes vitais que fluem em nossa materialidade física e que estimulam e ativam os nossos pensamentos e as nossas ações. Sem a consciência dos próprios sentimentos, pensamentos e emoções, fica mais difícil vivenciar a solidariedade, compreender o outro e sentir compaixão. Zukav (1992:54) escreve que **"ter compaixão é ser movido pelos atos do coração, pela energia do amor"**. Fica difícil quando não se tem consciência das próprias emoções, quando não se percebe o estrago ou o efeito da tristeza ou da raiva sobre a nossa materialidade física, ou mesmo, o efeito da alegria e do prazer não apenas em nós mas também em outras pessoas.

Para vários autores, entre eles Damásio e Servan-Schreiber, a relação afetiva é um poderoso regulador das emoções e, portanto, da fisiologia do corpo. Experiências com ratos demonstraram que a fisiologia se desorganiza quando as relações afetivas se degradam (Caderno Sinapse/Folha de São Paulo, 2003). A boa qualidade de nossas relações colabora para se ter maior resistência ao estresse e à depressão. Servan-Schreiber ainda reconhece em sua entrevista a este Jornal de São Paulo/Brasil que dados científicos dos últimos cinco anos comprovam a importância de ter algum pequeno animal em casa, como gato ou cachorro, e que a afetividade com esses tipos de animais tem efeitos importantes sobre o humor e o estresse.

Assim, "abrir o coração" e deixar fluir a energia presente, clareia o **sentipensar**, ilumina pensamentos, sentimentos e ações, favorecendo os processos de integração do sujeito consigo mesmo e com os demais. Uma pessoa que não consegue entrar em contato com o que lhe acontece no nível de suas emoções e dos seus sentimentos tende a apresentar uma personalidade mais fragmentada e menos integrada. É alguém que está mais sujeito a viver em um estado de fragmentação interior e de maior sofrimento. Aquele que não dá muita importância aos seus sentimentos, dificilmente será capaz de reconhecer os sentimentos de alegria e de tristeza de quem está ao seu redor.

A paz no coração resulta, portanto, desse estado de abertura e de conhecimento das próprias experiências interiores.

c)   **A Paz de espírito**

Para melhor compreender a Paz de espírito, é preciso esclarecer o conceito de espírito com o qual estamos trabalhando. Mais uma vez, necessitamos da ajuda de Pierre Weil e de Leonardo Boff.

Weil (1990) esclarece que, em Francês, a palavra espírito tem dois sentidos diferentes. Primeiro, um que significa o conjunto de funções mentais, tais como: a inteligência, o raciocínio, a percepção e a memória, dentre outros. E o segundo refere-se a uma forma de energia sutil, denominada por Bérgson, "elã vital", um princípio de vida, de consciência e de pensamento que se oporia ao corpo material.

Entretanto, em sua visão holística, Weil ultrapassa e procura integrar esses dois conceitos. Para ele, o espírito designa um estado que se situa além do mental e do psiquismo, mas que também os unifica e os integra. Segundo este autor, espírito é a própria energia no seu estado primordial e que, por meio do ser humano, retorna a esse estado. Assim, ele entende **"por espírito este conjunto energético de psiquismo, de mental e de espiritualidade"** (1990:50). Reconhece ainda que a Paz do espírito inclui a Paz do corpo, a Paz do coração e a Paz mental. Por exemplo, a Paz do corpo obtida mediante relaxamento repercute no emocional e no mental do sujeito, estendendo-se, portanto, à Paz do coração e da mente.

A espiritualidade, para Boff (1999), parte não do poder de acumulação ou do interesse e nem sequer da razão instrumental. Ela nasce da gratuidade do mundo, da relação inclusiva, da comoção mais profunda, do sentido de comunhão que todas as coisas guardam entre si e da percepção da grande dança cósmica, da qual, todos nós somos parte.

Cabe, então, destacar que a Paz de espírito emerge dessa espiritualidade cósmica, deste sentido de integração e de comunhão que nos liga a todos e se revela como uma profunda forma de amor. Amor a si mesmo, ao outro e à natureza. Um amor que se revela na presença de um Deus sensível e que habita mais o coração do que a razão.

A espiritualidade é, portanto, a interiorização dessa realidade cósmica onde tudo que existe, coexiste e merece viver, onde cada ser sente-se integrado e participando do universo que o acolhe e do qual é também parte.

Apoiados nas ideias de Leonardo Boff, podemos então dizer que cultivar a espiritualidade é cuidar do nosso estado de inteireza, da integração do nosso espírito com o nosso corpo. É cuidar de nossa ecologia interior mais profunda. É cultivar o nosso espaço interno e externo; é saber escutar os próprios sentimentos e os do outro, bem como as mensagens lançadas por cada criatura que cruza o nosso caminho.

Para Goleman, Kaumann y Ray (2000), o espírito criativo é um alento de força interior, uma maneira de ser, de pensar, atuar que nasce do interior. O conceito de espírito é uma maneira de expressar algo profundo e intenso da pessoa. Referido à criatividade, expressa-se em forma de alegria, responsabilidade, confiança. "É a linguagem universal do espírito criativo", dizem. Para que tenha lugar a criatividade, algo do nosso interior cobra vida em algo exterior a nós. O espírito não se esgota em si mesmo, mas se expressa, se comunica, se dá. Acreditamos que esta consideração é importante quando falamos de um "espírito de paz". Seria como estar comprometido com a paz, em todos os sentidos, antepondo-se à conciliação, ao diálogo e à negociação em vez do enfrentamento. Em alguns povos, assim como no Brasil, ainda se conserva a figura legal de "juiz de Paz". Por isso, afirmam os autores: Quando se desperta, o espírito criativo anima um estilo de ser: uma vida cheia de desejo de inovar, de explorar coisas novas, de converter sonhos em realidade.

A paz de espírito nada mais é do que a expressão de nossa reconciliação com a vida, com a nossa ecologia interior, com as ecologias social e ambiental em que somos envolvidos.

3.4 Ecologia e Paz social

A ecologia social é um reflexo de nossa relações com o outro, das relações do indivíduo com a cultura e com a sociedade onde vive. Ela depende da consciência social de cada cidadão(ã) e da consciência coletiva.

Como foi dito anteriormente, a Paz interior depende da Paz social e da Paz ambiental em função da interdependência energética existente entre elas. A Paz social, a Paz com os outros, pressupõe a ausência de qualquer tipo de violência e a presença da justiça, da igualdade, do respeito e da liberdade. Implica o respeito aos direitos humanos e o exercício da cidadania e da democracia. Isto porque a Ecologia e a Paz social requerem igualdade e reciprocidade nas relações e interações, pressupõe o respeito à diversidade e o exercício da inclusão e não o favorecimento da exclusão. Ser excluído socialmente significa viver marginalizado socialmente, ser descartado no jogo da vida e, sobretudo, ser insignificante aos olhos da sociedade.

É fácil perceber o quanto a pobreza vem aumentando as brechas entre os países ricos e pobres. Segundo dados apresentados por Jares (2002), os 20% mais ricos da humanidade representam 86% do consumo mundial, enquanto os 20% mais pobres correspondem a 1,3% do consumo. E mais, o patrimônio das três maiores fortunas do planeta era equivalente, no ano de 1999, ao PIB total de 48 países mais pobres. Ainda segundo o Prof. Jares, em 1998, 1,2 milhões de pessoas viviam na pobreza estrema, com menos de um dólar diário e quase três milhões eram obrigados a sobreviver com menos de dois dólares diários.

Como lograr a Paz social diante de tal descalabro? Como reverter as causas da violência se a fome, a pobreza e a desigualdade continuam configurando realidades tão díspares? Como diminuir o terrorismo de Estado praticado no mundo se a política exterior de vários países o incrementa? Tudo isto nos revela que o conflito e a violência social estão presentes em nosso dia a dia, em cada esquina que se cruza, em cada minuto de televisão, em cada olhar faminto e perdido que cruza com o nosso olhar nas esquinas da vida.

Assim, a destruição da Paz social não depende apenas da guerra entre os países mas também de uma guerra diária que fazemos de conta que não existe. A guerra é, sem dúvida, um grande mal para a sociedade e um perigo para a dignidade da vida. Ela ameaça a civilização e a existência da vida no planeta. Por trás dela, estão inúmeros interesses econômicos e políticos em jogo. É uma maneira de dar escoamento à produção bélica ou a outros produtos excedentes, além de estimular o desenvolvimento tecnológico do país. Ao mesmo tempo, é uma maneira de controlar o preço do petróleo e a produção de outras matérias-primas importantes.

Mas, hoje, já não mais se usa definir a Paz como ausência de conflitos ou como estado de não guerra, como tradicionalmente se fazia. A Paz social resulta da ausência de todo tipo de violência e da presença da justiça, da igualdade, da fraternidade, do respeito e da liberdade.

Jares (2002) ainda nos adverte que assim como o conceito de paz tradicional é visto como ausência de conflito bélico, por outro lado o conceito de conflito também é sinônimo de violência, desgraça, disjunção e patologia não desejável. E, se é algo não desejável, é preciso, então, evitá-lo. Na realidade, ao conceito de conflito, associamos a violência como se entre estes dois conceitos existisse uma relação linear automática de causa e efeito. Assim, o conceito de conflito traz consigo uma perspectiva sempre muito negativa, esquecendo-se de que existe também uma outra dimensão complementar a esta que traduz o reconhecimento de que o conflito é algo comum do nosso dia a dia, algo que também pode, respeitadas as devidas proporções, ser visto também como motivo de crescimento e de superação do "status quo".

O conflito está presente nas escolas, nas relações familiares, nas relações entre professor e aluno, pais e filhos etc. E nem sempre reflete incompatibilidades, valores antagônicos, interesses divergentes. Desde que não seja algo crônico e desestruturador, o conflito é também importante tanto para o crescimento dos indivíduos como para o desenvolvimento das organizações e das sociedades.

Assim, tanto o conflito como a Paz são dois fenômenos multidimensionais. É importante, então, destacar neste momento, que o conflito é também algo natural e inevitável na vida humana, e que é necessário saber diferenciar conflito de violência e, ao mesmo tempo, jamais permitir a sua resolução por meios violentos. Violência é consequência direta das mil formas de dominação.

Falando em Paz social, vem à nossa mente sua relação com justiça social e, neste sentido, também nos apoiamos em Leonardo Boff (1999) que explica que a Paz é consequência da justiça. Para ele, justiça é dar a cada um aquilo que merece. Dar a cada um as condições mínimas e necessárias para a sua sobrevivência.

O nosso problema é que o modelo social de desenvolvimento da grande maioria dos países não consegue associar riqueza sem deixar de gerar tanta violência e pobreza. Não somos capazes de gerar riqueza e, ao mesmo tempo, promover justiça social, o que nos leva a associar também a paz aos direitos humanos.

3.5   Ecologia e Paz ambiental

Nosso amigo Pierre Weil mais uma vez é quem nos ajuda a reconhecer que a perda da noção da inseparabilidade homem e natureza encontra-se na base do processo de destruição do meio ambiente pelos seres humanos. Na realidade, como humanidade, esquecemo-nos de que o desequilíbrio ambiental ameaça o equilíbrio do ser humano e que somos parte da natureza. É o que o físico Max Planck *apud in* Boff (1999:149) já tentava nos alertar, no início do século XX, que **"a ciência não pode resolver o mistério derradeiro da natureza, porque, em última análise, nos próprios somos partes da natureza e, consequentemente, partes do mistério que procuramos desvendar"**.

E, assim, esquecemo-nos de que as nossas relações com a natureza são de interdependência, ou seja, de dependência mútua e que a vida humana, ao mesmo tempo em que influencia, é também influenciada pelo meio ambiente que, por sua vez, muda de acordo com a vida que ele sustenta. Esquecemos também que existe uma energia vital circulando entre tudo isto. Uma energia que possibilita o acoplamento estrutural de um com o outro, o que permite que ocorra a circulação de energia e matéria tão necessária à manutenção e à preservação da vida.

Desde o tempo dos nossos ancestrais, o homem vem modificando o seu meio natural para o atendimento às suas necessidades. E, assim, terras férteis vêm sendo intensamente exploradas e tornadas improdutivas, florestas estão sendo transformadas em desertos, e a água doce vem desaparecendo nas represas enquanto as nascentes estão sendo poluídas.

Como humanidade, se pretendemos enfrentar com competência estes graves problemas causados pelas mãos do homem, será preciso restabelecer o nosso vínculo com a natureza, resgatar o respeito e a harmonia nas relações de outrora. Hoje, mais do que ontem, a natureza vem revelando todos esses desequilíbrios por meio das terríveis inundações que vêm assolando a Europa, dos incêndios em várias partes do planeta e em especial na Califórnia, além dos terremotos nos países árabes e asiáticos. São inúmeras as catástrofes que vêm abalando o nosso mundo tentando despertar aqueles(as) que estão podendo reconhecer as inúmeras mazelas que o desenvolvimento científico e tecnológico também nos oferece ao lado de tantos outros benefícios. Na realidade, este mesmo desenvolvimento vem traindo o ser humano e levando à destruição a própria civilização que o criou.

Por outro lado, para se ter Paz Ambiental, é preciso não apenas analisar os grandes atos mas também reconhecer que o acúmulo de pequenos atos poluidores da vida diária pode provocar efeitos muito nocivos à humanidade. Pequenos atos capazes de roubarem das próximas gerações tanto a tranquilidade como o direto de desfrutar de uma vida longa e feliz. Se medidas urgentes não forem tomadas, talvez estejamos roubando das futuras gerações o próprio direito de existir.

Mais do que nunca, precisamos reconquistar a Paz Ambiental e recuperar o estado de harmonia com a natureza. Resgatar a Paz Ambiental é também contribuir para o resgate da dignidade da vida, cada dia mais perdida e esquecida. A vida está presente em todo universo e resgatar a dignidade da vida é algo profundamente sublime que transcende qualquer seita ou religião ou mesmo qualquer interesse econômico e social. Isto porque, quando violamos a dignidade da vida, estamos também violando a dignidade humana, violando a dignidade do universo do qual somos partes. Como humanidade, esquecemo-nos de que a dignidade é um valor absoluto impossível de ser roubado, trocado ou barganhado por qualquer coisa.

Assim como a Paz ambiental, a vida é também frágil e vulnerável. Resgatar a dignidade da vida é aprender a reverenciar o que necessita ser reverenciado, aprender a cuidar do que necessita ser cuidado e aprender a venerar com ternura e dedicação o que precisa ser venerado.

A Paz Ambiental, para que possa se apresentar em nossas vidas, requer, por sua vez, uma ética ambiental, uma ética ecológica, ou seja, uma maneira correta e justa de os seres humanos se relacionarem com a natureza e com a vida. Uma ética pautada no equilíbrio da comunidade terrestre, na sintonia e na harmonia do homem e da mulher com a natureza é uma ética iluminada pelo cuidado necessário com a vida, com os seres humanos que habitam este belo "planeta azul".

3.5 Educar para a Paz

3.5.1 A Paz também se aprende

Este é o título da obra da educadora norte-americana Naomi Drew (1990) que procurou levar aos pais e professores americanos algumas sugestões sobre a arte de pacificação na vida das pessoas. A autora reconhece a necessidade de se preparar as futuras gerações para a paz, para a tolerância, para o pluralismo, afirmando também que os sistemas educacionais educam quanto à leitura, à Matemática, Geografia e História, mas deixam de lado a mais importante de todas elas: como aprender a interagir uns com os outros e com o mundo lá fora. Preocupada com o futuro de seus alunos, com o futuro isento do medo que afligia os seus alunos, a autora iniciou uma discussão na escola em que atuava a respeito do desenvolvimento de habilidades para a solução de problemas e como seria possível criar um futuro de paz para todos. Dessa discussão, surgiu o referido livro.

Reconhecendo que a Paz também se aprende, Naomi procurou trabalhar a partir de quatro conceitos principais:

- **Aceitação de si mesmo**
- **Habilidades de comunicação eficientes**
- **Solução de conflitos**
- **Compreensão das diferenças interculturais**

Em realidade, o que se observou neste trabalho é que a Paz pode ser alcançada pelo do esforço de cada indivíduo e pelo compromisso com a não violência. A autora reconhece também que esses temas e técnicas selecionadas não tem nada de novo. O que é novo é, sem dúvida, a situação emergencial em que nos encontramos e a necessidade de esses temas estarem sendo trabalhados no dia a dia de nossas escolas.

Antes de qualquer mudança considerada inovadora, é preciso que ministérios, secretarias de educação e escolas incentivem a criação de programas do tipo **Paz na Escola, Paz Ambiental, Paz no trânsito**, entre outros. Violência gera violência da mesma forma que Paz gera Paz. Se ensinarmos as nossas crianças a serem pessoas mais pacíficas e, ao mesmo tempo, facilitando-lhes a descoberta de seus próprios talentos e potencialidades, e fazendo-as confiar na realização de seus sonhos, certamente, como adultos, elas estarão mais propensas a contribuírem positivamente no mundo em que vivem.

Respondendo à questão introdutória, reconhecemos que a Paz pode ser aprendida, construída e defendida com ardor. Aprendida a partir de nossa luta diária, de nossa luta contra qualquer forma de violência, injustiça e discriminação. Construída e defendida a partir do que acontece em nosso cotidiano.

A Paz também se aprende a partir de nossos esforços e da melhoria das relações do indivíduo consigo mesmo, com o outro e com a natureza, a partir dos esforços de cada um para melhorar a sua "ecologia interior", para melhorar o seu diálogo interno, a sua luta para ser mais tolerante com os outros, para superar não apenas o seu inacabamento antropológico mas também para ampliar a sua consciência em relação aos demais. Gadotti, em sua apresentação da versão brasileira do livro de Naomi Drew (1990), esclarece que a Educação para a Paz é também uma educação que traz consigo uma dimensão política, já que educar para a Paz é educar também para a autonomia, para o autogoverno, algo que vai também do individual ao particular e do coletivo ao universal.

Nosso amigo Regis de Morais (2003:79), por sua vez, nos alerta que **"se não cultivarmos a paz em nosso interior, tanto a nossa boca quanto os nossos exemplos, "falarão" do que está cheio o nosso coração"**. Acreditamos ser importante reconhecer a necessidade de se começar a trabalhar a partir do que acontece no interior de cada um, lembrando que a beleza nasce da serenidade que irradia de cada presença humana. Entretanto, para perceber a beleza do outro, é preciso também ter a mente e o coração serenos, em Paz. Do contrário, podemos olhar e não ver, podemos querer ouvir e não escutar.

É a Paz interior que faz brilhar a nossa verdadeira essência. Pensemos, com carinho, sobre isto.

3.6 A Pedagogia da Paz

Autonomia, participação, solidariedade, sustentabilidade, responsabilidade são dimensões importantes a serem observadas no ato educativo. São categorias fundamentais para a construção de uma sociedade melhor, mais amorosa, justa e fraterna. Um programa de Educação para a Paz deve dar ênfase à multiculturalidade, à compreensão da existência de diferentes culturas, de múltiplas realidades e diversas visões de mundo. Neste sentido, a diversidade cultural deve ser compreendida como riqueza da humanidade, e a compreensão de outras culturas é indispensável para um melhor entendimento a respeito de sua própria cultura.

Educar para a Paz nada mais é do que educar para a vida. Não como um *slogan*, modismo ou qualquer modernização banal da educação, mas como processo capaz de criar condições nos ambientes educacionais, para o desenvolvimento de uma identidade humana que reconheça não apenas a sua natureza psicossocial mas também as naturezas biológica, física e espiritual do ser humano associada à sua natureza de cidadão planetário. É esta consciência planetária que o ajudará a dar respostas mais competentes aos problemas globais e ao desenvolvimento de uma ética antropológica capaz de dar sustentação à cidadania terrestre.

Essas dimensões anteriormente explicitadas pressupõem o cruzamento de uma educação sociopolítica e afetiva associada aos aspectos culturais e transcendentais que envolvem o ser humano, onde mente, corpo, pensamento, emoção e ação não estão separados, mas articulados e integrados na corporeidade humana. Partimos também da consciência de que a cognição envolve tudo aquilo que constitui a dinâmica da vida, e o educando é o principal artífice de seu próprio processo de formação.

Acreditamos também que é importante destacar que um Programa de Educação para a Paz deva preocupar-se em instrumentalizar o sujeito para que se torne consciente de suas potencialidades e limitações e, acima de tudo, seja capaz de superar as suas deficiências. O programa deve apresentar uma dimensão também política, pautada por princípios democráticos e que tem no diálogo um dos seus fundamentos principais para a resolução dos conflitos, reconhecendo que a formação cidadã é sempre um instrumento de integração social e de luta contra a pobreza e a exclusão.

Neste sentido, uma Educação para a Paz não nega a existência do conflito, mas o reconhece como sendo um fenômeno constitutivo da própria dinâmica da vida. Mas, por outro lado, também reconhece a necessidade de que ele seja resolvido de forma não violenta. Como condição importante para fugir da pobreza e da opressão, o programa enfatiza o desenvolvimento de um currículo voltado para a emancipação e para a autonomia do sujeito.

Acima de tudo, Educação para a Paz é um processo comprometido com um sistema de valores, com uma educação em valores humanos e universais. Isto porque o mundo que descrevemos e percebemos se converte no mesmo mundo que valoramos e desejamos (MASLOW, 1982). Se desejarmos Paz, é preciso aprender a cultivar os valores que potencializem a Paz em nosso dia a dia.

Desta forma, a Educação para a Paz requer uma nova Pedagogia que promova o desenvolvimento humano. Pressupõe, ao mesmo tempo, uma Pedagogia ecológica, relacional, uma ecopedagogia, que facilite a religação dos pensamentos, das disciplinas, dos conhecimentos e que colabore para impregnar de sentido os atos cotidianos da vida. Uma Pedagogia que reconheça que é a partir de cada dia que se constrói a cultura da paz, da sustentabilidade, da valorização da vida, da solidariedade e amorosidade.

3.7 Paz na Escola: Princípios e subsídios para ação

Qualquer projeto a ser desenvolvido dentro do âmbito de um **Programa de Educação Para a Paz** (MORAES e TORRE, 2003) deve levar em consideração os seguintes **princípios de ação**:

- O aluno é o centro do processo educativo e em função dele as ações devem ser planejadas.

- Climas, ambientes e contextos de aprendizagem adequados são "nutrientes" do processo de formação. Por meio deles são criadas as circunstâncias nutridoras da aprendizagem e do desenvolvimento.

- O currículo deve estar aberto à vida, ao que acontece no mundo, no entorno e dirigido à solução criativa dos problemas.

- Autonomia, pesquisa e elaboração própria são condições fundamentais para a conquista da autonomia intelectual do sujeito aprendiz.

- Aprender a aprender e aprender a desaprender se queremos adaptar-nos, evoluir e estar abertos à realidade, tendo em vista o acelerado e quase vertiginoso processo de desenvolvimento do conhecimento e de circulação de informações.

- Aprender a ser criativo, a relacionar-se e a colaborar. Desenvolver competências e atitudes criativas, ao mesmo tempo em direção à colaboração e ao desenvolvimento de relações com os demais.

- Aprender a dialogar como condição fundamental do processo de construção do conhecimento.

- Aprender a pensar o individual e o coletivo dialeticamente para que ocorra a cocriação de significados entre diferentes interlocutores que participam de um mesmo processo conversacional.

- Aprender a reconhecer que toda ação envolve interação e que toda ação é, portanto, ação ecologizada como nos ensina Edgar Morin. Todo contexto de formação é também um contexto ecologizado, dinâmico e relacional.

- Aprender a ser solidário, responsável, individual e coletivamente, contribuindo para o bem-comum.

- Aprender a ser feliz. A felicidade tem sido um conceito sistematicamente relegado na educação formal. Entretanto, é a máxima aspiração do ser humano e dos povos.

Um projeto de Paz na Escola pode ser operacionalizado a partir de várias vertentes em termos de estratégias e conteúdos. Inúmeras e diferentes podem ser as estratégias de polinização e de fecundação dessas ideias nos centros educacionais e nas secretarias de educação. Na realidade, é preciso que todos estejam imbuídos de sua importância, que diretores, professores, alunos, pais e comunidade em geral reconheçam a urgência de se trabalharem estas questões nos ambientes educacionais. A Paz é um tema que pode ser trabalhado não apenas transversalmente às disciplinas mas também deve estar presente no dia a dia da escola, nas atitudes dos professores, diretores, alunos e na maneira como são resolvidos os diferentes conflitos.

É na prática cotidiana da sala de aula que a Paz deve estar presente, como elemento importante associado a toda ação reconhecida como educativa. Todos devem estar preocupados na construção de ambientes de aprendizagem saudáveis, amorosos e não competitivos. Daí a importância que um programa desta natureza deve dar ao clima de sala de aula, ao ambiente, às circunstâncias criadas e ao que acontece em cada momento da aula. Trabalhar a Paz na Escola é também resgatar a alegria e o prazer em aprender; é criar um campo energético e vibracional positivo que permita a fluência de todos, onde as pessoas sintam-se bem por estarem ali. Isto significa criar circunstâncias nutridoras dos processos reflexivos e potencializadoras da aprendizagem e do desenvolvimento.

Paz na escola é ter um ambiente alegre e positivo, onde mente e corpo, pensamentos e ações não estão separados, mas nutridos pelos sentimentos e pelas emoções que circulam. Paz na escola implica o reconhecimento de que a alegria e os momentos de felicidade possam estar presentes e se constituírem em uma meta importante da vida não apenas pessoal mas também como meta da vida escolar. Felicidade compreendida como visão conjunta dos momentos de alegria, como um estado mental que nasce da Paz interior, da Paz social e da Paz ambiental, que cresce no amor e se intensifica no bem-querer, na sensação de plenitude que todo ser tem direito de sentir em seu viver (conviver).

3.8 Aplicações didáticas

Para que a paz na escola e na vida se consolide no tempo, é preciso incentivar e desenvolver algumas estratégias didáticas importantes. Estratégias baseadas na interação e participação ativa do aluno e que o ajude a **sentipensar** de maneira mais complexa e integrada. Estratégias didáticas que privilegiem não apenas a dimensão cognitiva mas também a emocional, voltadas para o desenvolvimento da criatividade, da autonomia, da cooperação, da capacidade de crítica, da tematização do cotidiano e da vivência de valores universais. Na realidade, são estratégias que emergem da vida e se voltam novamente em direção a ela.

Inúmeras são as atividades, os exemplos e as possibilidades de aplicações didáticas relacionadas ao tema Educação para a Paz. Vários são os objetivos, os conteúdos, os diferentes tipos de jogos, os estudos de casos, as vivências e os exercícios a serem trabalhados em um Programa de Educação para a Paz. Conteúdos, tais como: desarmamento, violência, conflitos, guerra, direitos humanos, cidadania, multiculturalidade, relações interpessoais, além de autoconhecimento, importância da meditação, são temas importantes, bem como algumas vivências que possam colaborar para melhoria das relações individuais e grupais.

Por exemplo, em relação ao tema do desarmamento, pode ser fácil aos professores trabalharem este tema nas escolas. Tem sido um dos temas que as escolas brasileiras vêm trabalhando muito nos últimos anos, não apenas motivadas pela guerra no Iraque mas também pela crescente onda de violência nas escolas e nas favelas provocada pelo tráfico de drogas nas grandes cidades. A violência e a insegurança em cidades, como São Paulo e Rio de Janeiro, são, hoje, uma questão muito grave e séria. Algo precisa ser feito de maneira urgente!

Assim, em relação a este tema, é preciso que os alunos desenvolvam um senso crítico a respeito do assunto, que reflitam sobre a necessidade de redução do armamento tanto nos países como na população civil em geral. Alguns aspectos podem ser destacados, como, por exemplo, as dificuldades que os governos têm para se chegar a um desarmamento total não apenas no que se refere aos países mas também em relação à corrida armamentista que acontece na própria população que vem se armando cada vez mais para tentar sobreviver no meio de tanta violência urbana.

Inúmeras são as possibilidades de se trabalhar a Paz. Mas, creio também que uma das nossas contribuições mais significativa neste momento seria esclarecer um pouco mais como é possível trabalhar a Paz Interior, Paz no corpo, a Paz no coração, a Paz ambiental e a Paz social mediante vivências a serem propostas pelos professores(as).

3.8.1 Paz interior

A Paz interior, como foi dito anteriormente, é uma ligação com o seu eu mais profundo. É algo que vem de dentro e não de fora. Paz interior não é apenas um simples sentimento de descontração e relaxamento do corpo. É algo mais profundo e envolve o encontro do sentimento de Paz que se esconde dentro de cada um de nós. É o encontro com certo tipo de vibração interior que emite e afeta tudo ao nosso redor. É mais fácil observá-la quando nos sentimos mais relaxados e tranquilos e estando, assim, percebemos também que nossas ideias fluem melhor, é mais fácil criar e pensar em níveis mais elevados.

De certa maneira, foi o que aconteceu ao escrever este texto sobre a Paz. Para tanto, foi preciso encontrar o momento adequado, fugir de outros compromissos, buscar lugares mais tranquilos na natureza para facilitar a inspiração. Escrever sobre a Paz de maneira criativa pressupõe a sua presença em nós. Para falar ou escrever sobre Paz, é preciso estar vivenciando o processo, é preciso estar em Paz consigo mesmo, em Paz com a vida, para que se consiga restabelecer a ligação com o seu próprio ser, a ligação com o seu coração, com a vida e com o sagrado, caso contrário fica um discurso falso e vazio.

Que tipos de atividades são possíveis de serem desenvolvidas com os alunos nos ambientes escolares? Quer uma sugestão? Vamos tentar! Antes de desenvolver esta atividade com os seus alunos, procure vivenciá-la em sua casa ou com algum familiar mais próximo e veja como funciona.

Momentos de Paz Interior

Primeiramente, coloque uma bela música instrumental de fundo. Pode ser, por exemplo, uma música cantada por Sarah Brightman, um noturno de Chopin ou uma música suave do CD do grupo Secret Garden.

Sente confortavelmente no chão ou em uma cadeira e mantenha a coluna reta. Feche os olhos e entre em sintonia com o seu corpo, com a sua respiração. Procure relaxar cada parte de seu corpo. Comece pela cabeça, passe pelos ombros e, a cada momento, sinta-se relaxado. Relaxe o tórax, os braços, as pernas e os pés. A cada momento, vá respirando profundamente. Inspire e expire lentamente.

Estando relaxado(a), procure respirar profundamente mais três vezes. Inspire e expire lentamente, deixando toda tensão sair de seu corpo. Inspire devagar e profundamente e sinta que a energia vai para dentro do seu abdômen e, a cada respiração, entre em sintonia com a energia vital que circula em seu corpo.

Estando bem relaxado(a), procure lembrar-se de três situações especiais em que sentiu Paz interior. Escolha a mais significativa para você, a que mais o tocou e procure visualizar e experimentar aquele sentimento de Paz interior presente em suas recordações.

Se, por acaso, algum pensamento dispersivo cruzar a sua mente, procure afastá-lo com tranquilidade e firmeza e, ao mesmo tempo, afirme: Estou em paz comigo mesmo(a) e com tudo que está ao meu redor.

Repita três vezes e procure sentir-se verdadeiramente a Paz presente em sua vida.

Ao pensar assim, sinta a energia, a sabedoria e a confiança presente no seu ser interior e tente desprender-se e abrir mão de cada situação que o afaste de sua paz interior, de qualquer situação que o incomode neste momento.

Estando com a respiração centralizada, comece a pensar nas preocupações, tristezas, dores e em tudo aquilo que não o incomoda. Procure imaginar tudo isto saindo de seu corpo, de sua mente e de seu coração em cada respiração. Libere tudo isto que o incomoda e perturba. Deixe tudo isto ir embora, devolva ao universo que transmutará esta energia.

Se você quiser, antes de terminar a meditação, leia em voz alta a seguinte afirmação.

> *Ao terminar, leia estas palavras escritas por Dianne Dreher (1990:49).*
>
> *"Agora sei que a minha vida é cheia de paz e harmonia.*
> *Reconheço o poder dos meus pensamentos.*
> *Uso esse poder com sabedoria.*
> *Reanimo-me com a meditação e*
> *Descubro dentro de mim a fonte da paz interior.*
> *Manifesto a minha paz aos outros,*
> *Respeito a mim mesma e ao processo.*
> *Harmonizo-me com a natureza e com todos*
> *Que participam do meu mundo.*
> *Agora recebo Paz em minha vida*
> *E assim seja".*

Outra atividade interessante acontece quando pedimos aos alunos que escrevam o **diário da Paz** e registrem tudo que lhes ocorra interiormente. Peça a eles que descrevam também neste diário as maneiras que utilizam para enfrentar os seus conflitos, com os pais, irmãos, colegas etc. Procure fazer com que eles desenvolvam esta atividade por certo tempo, para que possam ir registrando os seus progressos, bem como as ideias que estão sendo trabalhadas na escola.

Trabalhe a introspecção tentando olhar para dentro de si mesmo, identificando aquelas fortalezas, aqueles lindos momentos em que se sentiu mais feliz, aqueles momentos de vida que gostaria que se repetissem, mesmo que de maneira diferente...

Procure também identificar aqueles momentos mais dolorosos e tristes, aqueles momentos no qual a adversidade tanto o fez sofrer... Tente encontrar neles uma oportunidade para mudar algo, sacar dele algum tipo de aprendizagem ou algum valor oculto anteriormente não percebido.

A partir de um tempo, será possível perceber o amadurecimento de suas reflexões. A partir desta experiência, possivelmente, eles se tornarão mais conscientes de que cada um é responsável pela presença da paz em sua vida e cabe a cada um fazer o melhor que lhe for possível para conquistá-la sempre que possível.

3.8.2 Paz no corpo

Lembre-se também de que cada um é responsável pelo próprio corpo e que, mudando alguns hábitos de vida, é possível também mudar a configuração do próprio corpo. Mudando-se o corpo, mudamos também a nossa vida, a partir de uma série de mudanças internas que vão acontecendo simultaneamente ao processo. Isto, de certa forma, nos indica que a qualidade da vida depende da qualidade dos nossos pensamentos, sentimentos e emoções, e tudo isto influencia a qualidade do nosso corpo.

É importante lembrar que hábitos, emoções, sentimentos, pensamentos e estilos de vida estão representados em nossa corporeidade. É fácil perceber que o corpo não mente. Por exemplo, se você está tenso(a) e ansioso(a), você altera o timbre, o volume e a qualidade de sua voz. A voz reflete o estado de espírito e de humor da pessoa. Nossos hábitos e estilos de vida dão forma também ao nosso corpo. Um corpo intoxicado, fatigado ou estressado apresenta, para quem sabe ler, sintomas visíveis desses maus tratos. Um corpo fatigado e estressado diminui a qualidade das respostas imunológicas e fica mais sujeito às doenças. Por exemplo, estando debilitado e estressado, é mais fácil ficar gripado. Pela dureza na região da nuca ou dos ombros, é fácil perceber quando se está estressado, tenso ou cansado.

Inúmeros são os exercícios capazes de diminuírem as tensões musculares e expandirem a nossa capacidade vital. Para tanto, é preciso fazer exercícios de alongamento, automassagem, relaxamento consciente, bem como exercícios respiratórios. Seria interessante, por exemplo, fazer com que os seus alunos aprendam a ficarem mais atentos à própria respiração e à expansão de sua capacidade vital. Às vezes, pequenos e rápidos exercícios respiratórios produzem grandes efeitos, pois cada inalação carrega sempre consigo energia e vida e, assim, quanto mais concentrada e profunda, melhores serão os resultados.

Existem exercícios que ajudam o indivíduo a se tornar mais consciente de seu processo respiratório. Para tanto, é preciso procurar esquecer o que está acontecendo na mente e concentrar-se mais no próprio corpo. Millmam (1995), por exemplo, nos ensina a respirar com mais facilidade a partir do seguinte exercício:

> **Aprenda a respirar com facilidade**
>
> 1. Atente para a sua respiração.
>
> 2. Conscientemente, faça três respirações profundas, sentindo como a inalação expande o nosso ventre e a parte inferior das costas, e depois o peito. Faça três respirações bem lentas e profundas, mas sem exagerar. Lembre-se de repetir algumas vezes durante o dia.
>
> 3. Enquanto você inspira, sinta o seu corpo cheio de vitalidade. Ao expirar, sinta os ombros, o peito, o ventre, o corpo inteiro relaxado, liberando a tensão que o incomodava.

Ao inspirar, retenha o ar durante alguns segundos antes de expulsá-lo. Uma vez o tenha expulsado, espere novamente uns segundos antes de inspirar de novo. Este é um momento de regeneração e de quietude interior. Lozanov atribui a este momento de paz respiratória efeitos especiais na superaprendizagem. Seja consciente de que, nesses segundos entre inspiração e expiração, se produz uma quietude reconfortante.

Com este exercício, fica mais fácil perceber que a nossa respiração é também um reflexo de nosso estado emocional. Um é reflexo do outro. Uma influencia a dinâmica do outro. Por exemplo, quando estamos mais calmos e tranquilos, respiramos mais pausadamente, sem grande dificuldade. Estando mais perturbados, a respiração fica também mais agitada e curta. Estando emocionalmente debilitados, a inspiração é mais forte e a expiração é mais fraca, refletindo, assim, a necessidade que temos de mais energia para diminuir as tristezas e angústias que nos afligem.

Será possível, por meio da respiração, remover obstruções emocionais? Os homeopatas dizem que sim. Dan Millman (1995) também. Para tanto, ele nos oferece uma "receita da serenidade" que talvez valha a pena ver se realmente funciona.

> **Receita de serenidade**
>
> 1. "Se você está com medo, apenas lembre-se de respirar! A única diferença entre o medo e a excitação está em como você está respirando.
>
> 2. Se você se sente triste, preste atenção às suas expirações fortes e cheias, até restabelecer o equilíbrio da respiração. Procure sentir-se mais forte; ao expirar, projete energia na sua vida.
>
> 3. Se você está aborrecido, encolerizado, preste mais atenção às suas inspirações. profundas e cheias, até restabelecer o equilíbrio da respiração. Procure sentir-se mais receptivo e menos vulnerável."

3.8.3 Paz no coração

> *"O coração é como um paraquedas: só funciona quando aberto."*
> **Renée Locks**

O coração é um órgão musculoso e forte. Será que nele realmente se encontra a dimensão sentimental do ser humano como muitos orientais acreditam? Quando pedimos a alguém que veja com "os olhos do coração" o que isto realmente significa? O que significa a expressão "abra o seu coração"?

Em nossa compreensão, a "abertura do coração" acontece quando conseguimos estabelecer uma conexão entre os pensamentos e os sentimentos, quando permitimos que a nossa consciência penetre em nosso coração; ou quando paramos um instante de nossa vida para **sentipensar**, para sentir o que se passa em nosso coração e em nossa mente. Estabelecer esta conexão é muito mais fácil e mais simples do que se imagina. Tão fácil e tão simples que, por esta mesma razão, quase nunca o praticamos conscientemente. Referimo-nos ao coração como expressão de sentimentos positivos.

Aprender a sentir o que o "coração" tem a nos dizer é muito importante. Para tanto, é preciso aprender a ouvir o coração, a conectar-se com ele, e isto pode ser feito a qualquer momento. Na maioria das vezes, estamos com o nosso "piloto automático" ligado e não prestamos atenção no que a pessoa está verdadeiramente dizendo. Olhamos para ela, sem vê-la ou sem escutar o que ela diz. Muitas vezes, estamos apenas preocupados em descobrir como podemos escapar daquela situação e não percebemos o que se passa com o outro, o que o aflige naquele momento.

Assim, é importante aprender a ouvir o seu coração e o que se passa no coração do outro. Para tanto, estando com alguém, procure ficar mais atento ao que ele tem a lhe dizer. Fique mais consciente em relação ao que você ouve, percebe, mas procure sentir com o coração. Sinta o seu coração e fique consciente ao que nele se passa, enquanto os seus olhos entram em contato com os olhos da outra pessoa. Apenas aprenda a ouvir e a sentir. Dedique sua atenção a ela ou a ele naquele momento como se tivesse todo o tempo do mundo à sua disposição. Considere o que ela ou ele tem a lhe dizer como algo extremamente importante. Você, com certeza, perceberá a grande diferença!

A Paz no coração pode ser, então, cultivada a partir da percepção e da compreensão do que acontece no coração, a partir também do cultivo do amor, do respeito, da amizade, da solidariedade e da compaixão. E, enfim, a partir do desenvolvimento de sua própria consciência espiritual.

Tente realizar alguma ação que produza um efeito positivo nas pessoas que o rodeiam. Comprove que a satisfação sentida reverte de novo a si mesmo em forma de bem-estar.

3.8.4 Paz ambiental

Para Dianne Dreher (1991), a união com a natureza amplia a nossa percepção a respeito do mundo. Para se vivenciar um momento de Paz Ambiental, é preciso estar junto à natureza, seja em um acampamento de final de semana ou em uma caminhada no meio do parque ou ainda trabalhando no jardim de nossa casa. Existem inúmeras maneiras de nos sentirmos em paz com a natureza. Uma delas, é caminhar entre as árvores sentindo a sua beleza e de cada canto de pássaro tecendo a manhã. Quem não se lembra de uma noite em uma praia deserta, com um céu estrelado e a lua nascendo no horizonte? É uma emoção inesquecível! Podemos experimentar esta unidade com a natureza juntando-nos a ela, caminhando de maneira lenta e meditativa, sem pressa. Para tanto, é preciso deixar de lado tudo o que nos incomoda. A partir daí, procure observar os seguintes passos descritos a seguir:

> **Paz ambiental**
>
> "Caminhe calmamente, concentrando-se no ritmo de sua respiração.
>
> Permaneça no presente. Não deixe sua mente divagar.
>
> Sintonize-se com os seus sentidos. Sinta a terra sob os seus pés e diga para si mesmo: 'Estou em união com a terra'.
>
> Sinta o calor do sol em sua pele e diga para si mesmo: 'Estou em união com o sol'.
>
> Enquanto o vento acaricia o seu corpo, diga a si mesmo: 'Estou em união com o vento'.
>
> Observe atentamente as plantas ao seu redor, notando as diferenças de variedades e todas as suas tonalidades e formas. Reafirme a sua união com as plantas.
>
> Sinta o perfume das árvores e das flores. Afirme a sua união com elas.
>
> Ouça a melodia das águas do riacho. Afirme: 'Estou em união com as águas'.
>
> Ouça os pássaros e perceba as outras criaturas ao seu redor e afirme a sua união com cada uma delas.
>
> Sinta como os ritmos de seu corpo vão entrando em interação com os ritmos da natureza ao seu redor.
>
> Quando estiver pronto, volte devagar pelo caminho por onde andou, conservando este sentimento de harmonia e de Paz com a natureza."

3.8.5 Paz social e na escola

Aprendendo a cooperar

Lembre a seus alunos que um mundo em paz somente será possível se aprendermos a trabalhar uns com os outros em qualquer atividade que tenhamos de realizar.

Pergunte a eles como podemos aprender a trabalhar em conjunto de maneira agradável e harmoniosa? De que maneira podemos transformar a nossa casa ou a nossa escola em um ambiente de paz e harmonia?

Discuta as ideias apresentadas por cada um. Depois peça-lhes que se juntem em grupos de cinco alunos. Distribua a cada grupo pincéis, papéis e tintas para que façam um mural ou um cartaz com o título PAZ NA ESCOLA. Peça-lhes que façam algo bem bonito, imaginando como seria uma escola em paz.

Incentive para que desenvolvam, também em grupo, um projeto usando o computador, utilizando, por exemplo, o *software paint brush* ou qualquer outro fácil de ser manejado pelo grupo. Destaque que o importante é que eles façam o trabalho em grupo e verifiquem como ocorre a mediação das divergências e das convergências.

Ao final, peça ao grupo que descreva o trabalho feito no seu mural ou no cartaz e como foi o processo desenvolvido pelo grupo, e se houve ou não algum conflito. Caso tenha ocorrido, peça-lhes que descrevam o que foi feito para superá-lo.

As crianças são diferentes

De Bárbara Aiello
Adaptada por M.C. Moraes

As crianças são diferentes,
nem mesmo se parecem umas com as outras.
Algumas falam outras línguas
e todas têm nomes diferentes.
As crianças são diferentes,
mas se você olhar para dentro verá
que a criança alta e a criança baixa
são como eu e você.

Alguns amigos se surpreendem que
crianças em cadeiras de rodas brincam;
crianças cegas leem e crianças surdas conversam,
mas apenas de um jeito diferente.
Crianças sadias, crianças especiais,
crianças gordas e magras
são apenas de um jeito diferente.

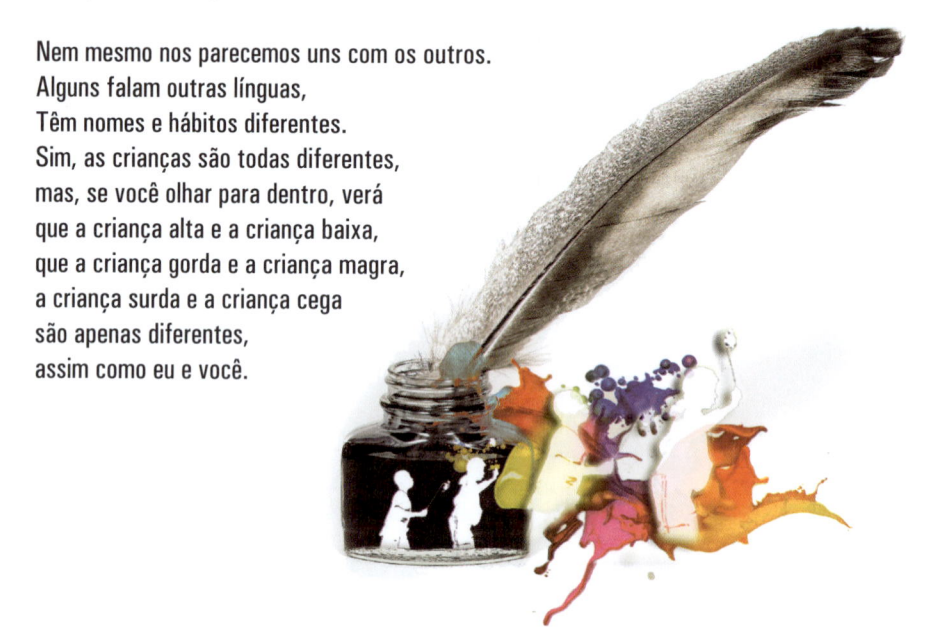

Nem mesmo nos parecemos uns com os outros.
Alguns falam outras línguas,
Têm nomes e hábitos diferentes.
Sim, as crianças são todas diferentes,
mas, se você olhar para dentro, verá
que a criança alta e a criança baixa,
que a criança gorda e a criança magra,
a criança surda e a criança cega
são apenas diferentes,
assim como eu e você.

REFERÊNCIAS

ALBOM, Mitchel. **A última grande lição**: O sentido da vida. Rio de Janeiro: GMT. 1998.

BOFF, Leonardo. **A oração de São Francisco**: uma mensagem de paz para o mundo atual. Rio de janeiro: Sextante, 1999.

BOFF, Leonardo. **Ecologia, mundialização e espiritualidade**. São Paulo: Editora Ática, 1993.

DREHER, Diane. **O Tao da Paz**: Guia para a paz interior e exterior. Rio de Janeiro: Campus, 1991.

EICHENBERG, Fernando. **Nem Freud nem Prozac**. Jornal Folha de São Paulo/Caderno Sinapse. São Paulo, 28 out.2003.

GOLEMAN, Daniel; KAUFMANN Y RAY. **Espíritu creativo**. Buenos Aires/Argentina: Vergara, 2000.

JARES, Xavier. R. **Educando para a Paz**: sua teoria e sua prática. Porto Alegre: Artmed, 2002.

MASLOW, Abraham. **La personalidad creadora**. Buenos Aires/Argentina: Editorial Kairós, 1982.

MILLMAN, Dan. **A importancia de cada momento**. São Paulo: Editora Pensamento, 1995.

MORAES, Maria Cândida; TORRE, Saturnino de la. **Programa Educando para a vida**. Mimeo, 2003.

MORAIS, Regis de. **Espiritualidade e educação**. Campinas/Sp: Editorial Allan Kardec, 2002.

SERVAN-SCHREIBER, David. **Não inventei nada**. Jornal Folha de São Paulo/Caderno Sinapse. São Paulo, 28 out.2003.

WEIL, Pierre. **A arte de viver em paz**. São Paulo: Gente. 1993.

WEIL, Pierre. **A mudança de sentido e o sentido da mudança**. Rio de Janeiro: Editora Rosa dos tempos, 2000.

SOBRE OS AUTORES

Maria Cândida Moraes

Doutora em Educação (Currículo) pela PUC-SP. Mestre em Ciências pelo Instituto de Pesquisas Espaciais, INPE/CNPq. Professora do Pós-Graduação em Educação na UCB/DF. Professora visitante e pesquisadora do Programa Master em Educação da Universidade de Barcelona. Pesquisadora do CNPq, da CAPES e do grupo GIAD/DOE/UB. Coordenadora adjunta da Rede Internacional de Ecologia dos Saberes, da Universidade de Barcelona. Foi professora do Programa de Pós-Graduação em Educação (Currículo) da PUC/SP, de 1997 a 2008. Consultora e conferencista nacional e internacional. Foi pesquisadora-visitante da OEA, em Washington e consultora do Banco Mundial.

Autora de vários livros, entre eles:

- O Paradigma Educacional Emergente, 16ª edição
- Pensamentos Ecossistêmico, 2ª edição, com chancela da UNESCO
- Sentirpensar, com chancela da UNESCO
- Ecologia dos Saberes: Complexidade, transdisciplinaridade e educação, (2008)
- Como pesquisar em educação a partir da Complexidade?

E-mail: mcmoraes@terra.com.br

Saturnino de la Torre

Professor emérito da Universidade de Barcelona. Coordenador do Grupo de Investigação e Assessoramento Didático (GIAD) (1992-2009). Impulsor do Seminário de Cinema Formativo. Promotor da Rede Internacional de Escolas criativas, da Associação para a Criatividade. Presidente da mesma no período inicial de 2001 a 2006. Impulsor do seminário de Transdisciplinaridade e Educação. Inspirador e impulsor da Rede Internacional de Ecologias dos Saberes, Rede de Escolas criativas e de Projetos de pesquisa, como EDIFID, REDFUT, ADESTE, RIEC e da Comunidade Ciências com Consciência para a Mudança. Tem pesquisado temas que envolvem a inovação educativa, criatividade, estimulação, avaliação, estratégias didáticas inovadoras e criativas e o processo de Sentipensar e a adversidade criadora desde um olhar complexo e transdisciplinar. Publicou mais de 40 livros de conteúdo criativo e didático.

www.ub.edu/sentipensar

Conheça também da
WAK Editora

COMO ENCANTAR ALUNOS DA
MATRÍCULA AO DIPLOMA

Hamilton Werneck

ISBN: 978-85-7854-211-5

DIFICULDADES DE APRENDIZAGEM:
a Psicopedagogia na relação sujeito,
família e escola

Simaia Sampaio

ISBN: 978-85-7854-025-8

EM BUSCA DA TRANSFORMAÇÃO -
a Filosofia pode mudar sua vida

Waldir Pedro

ISBN: 978-85-88081-82-6